미니 타투 도감

미니 타투 도감

레베카 빈센트 지음
전혜란 옮김

유엑스리뷰

차례

미니 타투 콜렉션

이 책의 구성

이 책은 타투 아티스트는 물론, 타투를 새겨볼까 고민하는 사람들에게 영감을 주고자 만들어졌다. 참고할 만한 다양한 스타일과 여러 주제로 세심하게 구성한 약 1,000개의 미니 타투 디자인을 소개한다.

들어가며

타투 아티스트이자 인스타그램 스타인 레베카 빈센트가 우리에게 미니 타투 세계를 소개하고, 타투이스트로서 자신의 경험과 타투 시술 시 유의해야 할 점을 이야기해준다. 또한 타투를 했을 때 아픔이 가장 덜한 신체 부위는 어디인지, 어느 부위에 해야 잉크가 빠지거나 번지지 않고 오래가는지 생생한 팁을 담았다.

미니 타투 콜렉션

미니 타투 콜렉션은 동물, 자연, 여행, 기호, 음식 등 11개의 카테고리로 구성했으며, 해당 디자인의 상징과 근원에 대한 설명을 함께 담았다.

타투별로
번호와 이름을
붙였다.

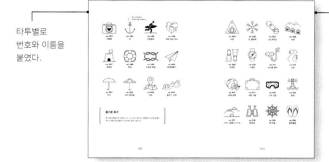

각 페이지에
소개한 디자인에
잘 어울리는
다른 디자인도
소개했다.
함께 새기면
상호보완적인
연출이 가능하다.

본문은 11개의
카테고리와
그 하위 카테고리로
구성했다.

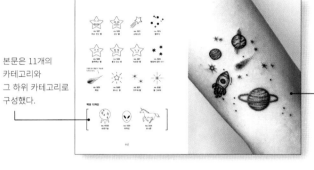

현대 사진을
참고한 디자인도
가능하다.

유명 타투
아티스트들의
인터뷰를 담았다.

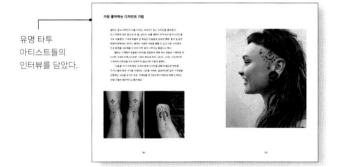

들어가며

나는 7년 전쯤에 리즈Leeds(영국 잉글랜드 웨스트요크셔주 최대 도시)에서
타투 아티스트 일을 시작했다. 나는 타투의 열렬한 팬이었다. 20세 때 타투를
처음 몸에 새겼는데, 그 모든 과정이 나를 사로잡았다. 그때는 그것이 나의
직업이 될 거라고는 상상도 하지 못했다. 다시 그림을 그리기 시작한 것은
딸이 태어난 뒤였다. 대학 입학 이후 그림을 그리지 않았기에 시간이 날 때마다
스케치를 했다. 그러다 노스탤지어Nostalgia라는 스튜디오를 방문하게
되었는데, 그곳에서 타투이스트로서의 삶이 시작되었다.

나는 어릴 때부터 자연에서 영감을 얻었고, 그것을 바탕으로 타투를
디자인했다. 내 디자인은 스토리가 있으며 얌전하고 섬세해 타투가 처음인
분들이 많이 찾아온다.

내 직업은 다양한 사람을 만날 수 있다는 장점이 있다. 어쩌면 타투는
고객에게 짜릿한 경험일지도 모른다. 그래서인지 고객들과 대화를 나누는 게
정말 즐겁다. 절대 지루하지 않다. 절대!

레베카 빈센트 Rebecca Vincent

영국 런던에 위치한 스튜디오 팔러먼트 타투Parliament Tatoo 소속
인스타그램: rebecca_vincent_tattoo

미니 타투는 어떤가요?

미니 타투가 인기를 끄는 데는 다양한 이유가 있다.
몸 전체에 커다란 타투를 새긴 사람조차도 1개 혹은
그 이상의 미니 타투를 몸에 또 새기고 싶어 한다.

타투를 새기는 것을 쉽게 결정하지 못하는 사람이 많다. 생소하기도 하고,
솔직히 말해서 아프기 때문이다. 그래서 타투가 처음인 사람들은 대개
미니 타투를 선택한다. 얼마나 많은 타투 초보자에게 미니 타투를 시술했는지
모른다. 그중 상당수는 타투를 더 새기고자 다시 찾아왔다. 그들은 타투가
중독성이 강하다고 입을 모아 말했다. 그건 사실이다.

많은 사람이 개인적인 의미가 담긴 타투를 새긴다. 사랑하는 사람의
손글씨나 이니셜을 새기는 경우도 있다. 고객의 몸에 여러 개의 점을
새겨주었던 시술이 특히나 기억에 남는다. 그 고객은 어머니가 항암치료를
받은 자리와 똑같은 곳에 점을 새겨달라고 요청했다. 내가 새긴 타투가
고객이 어려운 시기를 이겨내는 데 힘이 될지도 모른다는 생각에 무척이나
영광스럽게 생각하며 시술을 했다.

특정 나이가 되어 기념하고자 타투를 새기러 온 고객도 있었고,
그냥 하고 싶어서 찾아온 고객도 있었다. 자신에게 의미 있는 디자인으로,
취미부터 가장 좋아하는 음식까지 무엇이든 새길 수 있다.

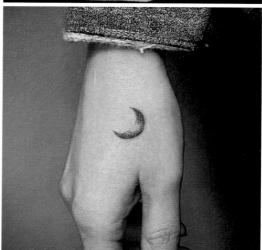

사람들이 미니 타투를 좋아하는 건 쉽게 숨길 수 있기 때문이기도 하다. 의사와 선생님에게도 타투를 시술한 적이 있는데, 그분들은 일할 때 눈에 띄지 않게 작고 점잖은 디자인을 원했다. 신중하게 생각해봐야 할 점이다. 타투가 멋있긴 해도 일에 지장을 주어서는 안 된다. 그러므로 타투 위치를 정할 때는 현명하게 생각해야 한다.

미니 타투는 빈자리를 채우기에도 좋다. 타투를 하나둘 새기다 보면 보기 싫은 공간이 생겨 불만스러울 수도 있다. 그러한 공간을 채우는 데 미니 타투만 한 게 없다.

유례없이 큰 인기를 누리고 있는 덕분에 타투의 품질이 점점 좋아지고 있다. 15년 전에는 전혀 보지 못했던 스타일을 지금은 볼 수 있다.

미니 타투는 정교하게 그리기에는 공간이 부족해 디자인이 단순하다. 탈각을 고려하면 디자인이 복잡해서는 안 된다. 디자인을 선택할 때 이 점을 반드시 생각해야 한다. 시술 직후에는 감탄을 자아낼 정도로 정교하더라도 그리 오래가지 않는다. 타투는 시간이 흐를수록 조금씩 희미해질 수밖에 없다.

타투는 탈각이 끝나면 조금 달라 보인다. 시술한 날만큼 또렷하지는 않지만 나는 타투가 자리 잡아 몸의 일부가 된 그때를 정말 좋아한다.

한 가지 더 주의해야 할 점은 디자인을 선택할 때 조작된 이미지를 구분해야 한다는 것이다. 소셜미디어는 영감을 얻기에 좋은 수단이지만, 현실에 존재하지 않는 이미지를 보여주기도 한다. 예전에 한 타투 사진을 본 적이 있는데, 알고 보니 포토샵으로 만들어진 것이었다. 당연히 시술이 불가능했다. 나는 예약을 받을 때 고객이 원하는 디자인을 보여달라고 요청한다. 시술이 가능한지 불가능한지 파악해야 하기 때문이다. 간혹 불가능하다고 답하면 실망하는 고객도 있다. 고객에게 가장 잘 어울리는 타투를 새겨주고자 하는 마음이니 이해해주기 바란다.

나는 고객들에게 타투를 조금 크게 새기라고 권하는 편이다. 타투는 한 번 새기면 잘 지워지지 않기 때문에 좀 더 세밀하게 그리는 것이 낫다. 이 점에 대해서는 방문하는 곳의 타투이스트가 자세히 설명해줄 것이다.

디자인을 직접 찾아보는 것은 두말할 필요 없이 중요하다. 타투는 영구적이다. 타투이스트로서 말하는데, 지우는 과정은 엄청나게 고통스럽다. 반드시 자신에게 맞는 타투이스트를 선택해야 한다. 나만의 타투이스트를 찾을 때 소셜미디어를 이용하는 것만큼 좋은 방법은 없다. 타투이스트의 포트폴리오를 볼 수 있기 때문이다. 포트폴리오를 보면 해당 타투이스트의 스타일이 나와 어울리는지 그렇지 않을지를 확인할 수 있다. 탈각 과정이 끝난 타투를 볼 수 있다면, 더욱 확실히 알 수 있다.

마지막으로, 자신이 선택한 타투이스트를 믿어야 한다. 만약 선택한 타투이스트가 어떤 디자인이 불가능하다고 말한다면, 그의 말을 믿어야 한다. 타투이스트는 고객에게 올바른 정보를 전달하고 도움을 주는 사람이다. 그러니 주저하지 말고 물어보기 바란다.

어디에 새기는 것이 좋을까요?

많은 사람이 타투를 새기는 인기 있는 부위라도 지속성을 고려하면 그렇게 좋은 위치가 아닐 때도 있다. 발목, 손가락, 발날, 손날에 타투를 해달라는 요청을 많이 받는다. 하지만 이곳들은 타투를 새기기에 적합하지 않다. 잉크가 빠지거나 번지는 경우가 많기 때문이다. 따라서 신중하게 생각해야 한다. 미니 타투라면 더더욱!

아픔의 정도

아픔의 정도는 개인마다 다르다. 나는 말할 수 없이 아팠는데, 그다지 아프지 않았다고 말하는 사람도 많다. 사람마다 아픔을 느끼는 부위가 제각각이다. 다음 페이지에 신체 부위별로 아픔의 강도를 표시한 그림을 실었다. 타투이스트로서 나의 경험을 바탕으로 작성했으니 참고하기 바란다.

햇빛 노출

타투는 햇빛에 노출되어서는 안 된다. 타투가 너무 빨리 희미해지지 않도록 자외선차단지수가 높은 선크림을 꼭 발라야 한다. 원래의 선명함을 유지하고 싶다면 이 점을 꼭 기억하기 바란다.

유행

패션과 마찬가지로 타투 역시 유행이 있다. 1990년대에 유행했던 중국 한자를 기억할 것이다. 세월이 가도 타투는 그 모습 그대로다. 유행에 현혹되어 나중에 후회하는 일이 없기를 바란다.

지속성

타투가 오래 지속될 수 없는 신체 부위가 있다. 손과 발, 발목이 대표적이다. 잉크가 떨어지기도 하고, 심지어 희미해지기도 한다. 이러한 현상은 타투의 품질을 떨어뜨린다. 미니 타투라면 이러한 현상이 더욱더 두드러질 것이다.

노화

피부 노화는 결국 일어나기 마련이다. 그에 따라 타투의 품질도 처음처럼 유지될 수 없다. 처음 시술할 때 이 점을 염두에 두어야 한다. 팔이나 다리에 새기면 다른 어떤 부위에 새겼을 때보다 품질이 오래 유지된다.

앞모습

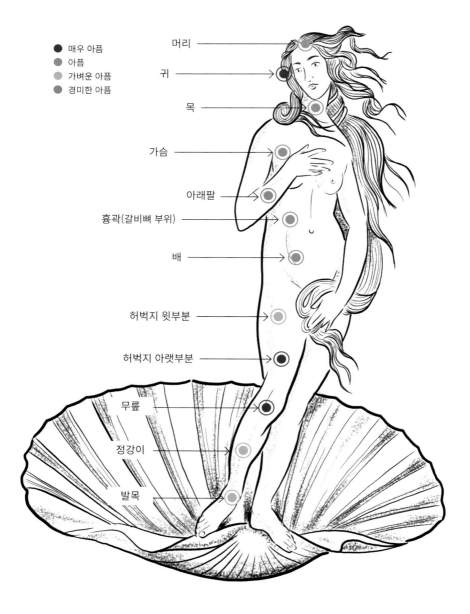

매우 아픔
아픔
가벼운 아픔
경미한 아픔

머리
귀
목
가슴
아래팔
흉곽(갈비뼈 부위)
배
허벅지 윗부분
허벅지 아랫부분
무릎
정강이
발목

뒷모습

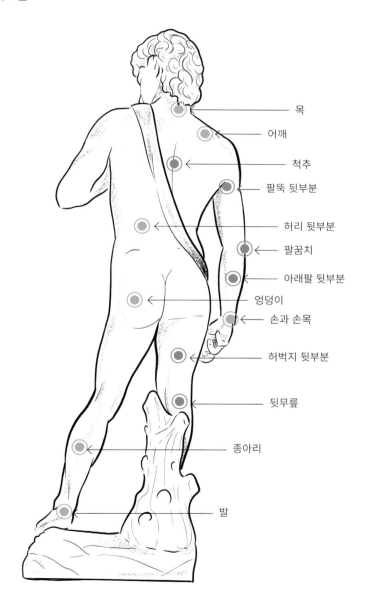

목

어깨

척추

팔뚝 뒷부분

허리 뒷부분

팔꿈치

아래팔 뒷부분

엉덩이

손과 손목

허벅지 뒷부분

뒷무릎

종아리

발

미니 타투 콜렉션

TATTOO

DIRECTORY

1.

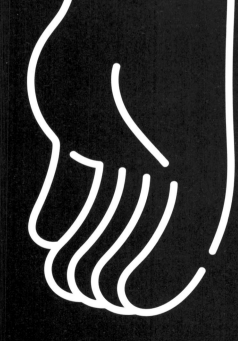

NATURE

자연

no. 1
공작 깃털

no. 2
꼬리 깃털

no. 3
날개 깃털

no. 4
줄무늬 깃털

no. 5
솜 깃털

no. 6
날개깃(비행 깃털)

no. 7
촛불 모양 깃털

no. 8
매직 깃털

일종의 정신 건강을 위한 부적이다.

no. 9
잎사귀 모양 깃털

no. 10
넓적 깃털

no. 11
짧은 털 깃털

자연스러운 깃털

자연스러운 깃털은
남녀 모두에게 인기가
많다. 자유와 여행,
용기, 그리고 꿈을 좇는
마음을 나타낸다.

no. 12
깃대 깃털

no. 13
화려한 깃털

no. 14
솔잎 모양 깃털

디자인 깃털

디자인 깃털은
몸에 새겼을 때 매우
매력적이다. 정신세계를
나타내기도 하고,
사랑하는 사람을
잃은 심정을
나타내기도 한다.

no. 15
실루엣 깃털

no. 16
부족 깃털

no. 17
기하학 무늬 깃털

no. 18
심플 깃털

no. 19
그림자가 진 깃털

no. 20
인디언 깃털

no. 21
뾰족한 깃털

no. 22
자유의 깃털

no. 23
화살 깃털

no. 24
켈트족 깃털

no. 25
단검 모양 깃털

no. 26
다이아몬드 깃털

no. 27
뱅글뱅글 깃털

no. 28
정신적(영적인) 깃털

no. 29
마법의 버섯

no. 30
원뿔형 버섯

no. 31
주머니버섯

no. 32
광대버섯

버섯은 정력과 마법,
순환하는 삶을 상징한다.

no. 33
꾀꼬리버섯

no. 34
양송이버섯

no. 35
느타리버섯

no. 36
독버섯

no. 37
요정의 독버섯

no. 38
독버섯 캐릭터

no. 39
곰팡이버섯

no. 40
단추버섯

짝꿍 디자인

no. 342
팅커벨

no. 301
연약한 곤충

no. 256
깡충깡충 토끼

no. 41
야생 장미

no. 42
어린잎

no. 43
황제의 꽃

no. 44
백합

no. 45
열매

no. 46
수국(눈뭉치꽃)

no. 47
아네모네

no. 48
네롤리

no. 49
심플한 백합

no. 50
코스모스

no. 51
튤립

꽃의 상징성

꽃은 일반적으로
사랑과 자연의
아름다움, 열정 등
긍정적인 기질과
감정을 상징한다.
한 송이를 새겨도,
여러 송이를 새겨도
예쁘고 매력적이다.

장미는 예로부터 사랑을 상징한다.

no. 52
장미 봉오리

no. 53
활짝 핀 튤립

no. 54
드래곤 로즈(대왕장미)

28

대칭

대부분의 디자인이
대칭을 이루고 있다.
덕분에 타투의 매력이
돋보이고, 꽃이 지닌
아름다운 무늬가
살아난다.

no. 55
장미

no. 56
거베라(국화과)

no. 57
수선화

no. 58
데이지

no. 59
빙카(페리윙클)

no. 60
푸루메리아(프랑지파니)

no. 61
달리아

no. 62
해바라기

no. 63
금빛꽃(국화)

no. 64
뾰족 튤립

no. 65
3D(입체) 장미

no. 66
활짝 핀 백합

no. 67
별봄맞이꽃

no. 68
카라

no. 69
단풍잎

no. 70
뫼비우스의 잎

no. 71
덩굴잎

no. 72
몬스테라 실루엣

no. 73
나뭇잎

no. 74
호랑가시나무

no. 75
플라타너스나무 종자

no. 76
네잎클로버

no. 77
나뭇잎줄기

no. 78
조화로운 나뭇잎줄기

no. 79
나뭇잎줄기 실루엣

잎, 평화의 상징

식물의 잎을 보고
있으면 마음이
차분해지면서
평온해진다. 식물의
잎은 새 생명과 행복을
나타낸다. 봄이나
가을의 색을 입혀
의미를 더할 수도 있다.

no. 80
열매 달린 나뭇잎줄기

no. 81
여린잎줄기

no. 82
레트로 잎

잎 묘사

잎 디자인의 경우,
가는 선을 사용해
보다 생생하게
표현했을 때
더욱 매력적이다.

no. 83
대마잎(대마초 잎)

no. 84
꽃가지

no. 85
연잎줄기

no. 86
새순 가지

no. 87
종려나무 잎

no. 88
단풍잎 실루엣

no. 89
새순 스케치

no. 90
종려나무 잎 실루엣

no. 91
자세히 그린 잎

no. 92
잎줄기 하나

가장 인기가 많은 디자인으로,
장수를 상징한다.

no. 93
소박한 잎

no. 94
몬스테라

no. 95
하트 모양 잎

no. 96
양치식물 잎

no. 97
야자나무

no. 98
회오리 나무

no. 99
줄무늬 나무

no. 100
세모 나무

no. 101
원뿔 나무

no. 102
낙엽수

no. 103
크리스마스 나무

no. 104
로켓 나무

no. 105
꾸밈없는 소나무

no. 106
아이디어 나무

no. 107
롤리팝 나무

성스러운
나무

나무는 끈기와 회복을
나타내고 자연의
아름다움을 보여준다.
많은 품종의 나무가
일부 문화와 종교에서
신성하게 여겨진다.

no. 108
소박한 소나무

no. 109
가을 나무

no. 110
낙엽송

나무 모양

눈에 띄게 가지를 크게 뻗은 나무를 보고 특별하고 의미 있는 디자인을 만들어낼 수 있다. 여기 소개한 단순한 디자인이 특히 효과적이다.

no. 111
가지 뻗은 나무

no. 112
전나무

no. 113
바람을 견디는 나무

no. 114
통나무 단면

no. 115
크리스마스 나무 실루엣

no. 116
소박한 너도밤나무

no. 117
도트 나무

no. 118
가문비나무

no. 119
백송나무

no. 120
기하학무늬 소나무

no. 121
줄무늬 가문비나무

no. 122
버블 트리

no. 123
작은 가문비나무

no. 124
버드나무

no. 125
돈나무

no. 126
백년초

no. 127
사와로 선인장

no. 128
사와로 선인장 실루엣

선인장은 온기와 인내,
방어를 상징한다.

no. 129
튤립 화분

no. 130
데이지 화분

no. 131
고슴도치선인장

no. 132
스킨답서스

no. 133
심플한 식물줄기

no. 134
칼리시아

no. 135
홍죽(코르딜리네)

no. 136
귀여운 화분

짝꿍 디자인

no. 312
무당벌레

no. 550
해님

no. 73
나뭇잎

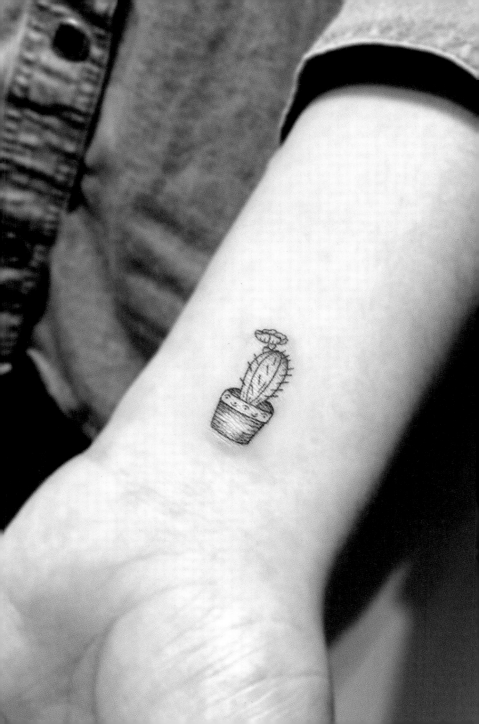

이런 전형적인 형태의 디자인이
가장 인기가 많다.

no. 137
소라고둥

no. 138
쐐기꼴 조개

no. 139
비너스 조개

no. 140
바다고둥

no. 141
뮤렉스 조개

no. 142
번개고둥

no. 143
점박이 조개

no. 144
암모나이트

no. 145
괭이고둥

no. 146
뿔조개

no. 147
튤립 모양 조개

조개 모양

특별히 기억에 남는
휴가나 해변에서의
평화로움과 잔잔함을
떠올리기에는
조개 타투가 효과적이다.

no. 148
가리비

no. 149
보말고둥

no. 150
쇠고둥

no. 151
산호

no. 152
검은 산호

no. 153
다시마

no. 154
다시마 한 장

식물과 바다를 좋아한다면
해초 타투가 제격이다.

no. 155
블래더랙

no. 156
해초

no. 157
바다해초

no. 158
해초 실루엣

no. 159
사슴뿔 산호

no. 160
석산호

no. 161
가느다란 산호

해초와 산호

해초와 산호는 모양이
귀여워 타투로 새기면
재미있고 색다르다.
바닷속 조화로움과
아름다움을 떠올리게
해준다.

no. 162
솟구치는 파도

no. 163
병 속의 편지

no. 164
호쿠사이 파도
(19세기 일본 목판화가
가츠시카 호쿠사이의
파도 그림)

파도 모양

바다와 부서지는 파도를 보면서 싫증을 느끼는 사람은 거의 없을 것이다. 파도의 여러 모양 중 일부를 타투로 나타내보았다.

no. 165
선박 창문

no. 166
거친 파도

no. 167
일렁이는 파도

no. 168
물방울 파도

no. 169
육각 파도

no. 170
삼각형 파도

no. 171
굽이치는 파도

no. 172
완만한 파도

no. 173
부서지는 파도

no. 174
나선형 파도

no. 175
갈매기

no. 176
소용돌이치는 파도

no. 177
잔잔한 파도

no. 178
회오리치는 파도

아멜 Armelle

프랑스 파리에서 개인 스튜디오 운영 중
인스타그램: Instagram@armelle_stb_tattoo
페이스북: Facebook Armelle Stb

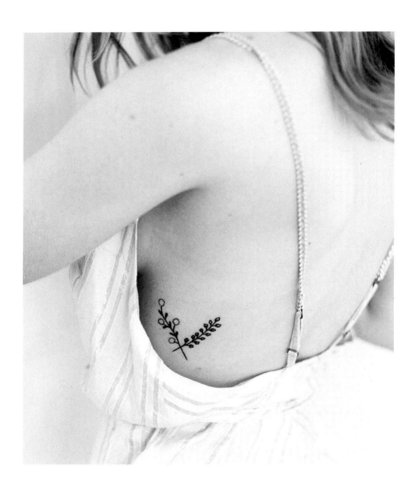

아멜은 프랑스 파리에 근거지를 두고 활동하는 타투 아티스트로, 런던에 있는 '팔러먼트 타투'를 비롯해 여러 스튜디오에서 객원 아티스트로 일하고 있다.

아멜이 처음 시술한 타투는 자신의 몸에 직접 새긴 것으로, 트럼펫이 그려진 폭발하는 샴페인 병이었다. 몸에 꽤 많은 타투가 있는데, 빈자리를 채우기 위해 새긴 미니 타투도 많다. 아멜은 타투를 가르쳐주겠다는 지인의 제안으로 타투이스트의 길을 걷게 되었다. 아멜은 이렇게 말했다.

"저는 타투와 사랑에 빠졌어요. 다른 일을 하는 제 모습은 상상이 되지 않아요. 건축을 공부하고 있었는데 당장 그만뒀죠."

아멜은 타투를 향한 사람들의 태도가 바뀌고 있는지는 확신할 수 없다고 말했다. 타투를 많이 한 사람이 길을 지나가면 여전히 주목을 받으니까! 그렇지만 점점 좋아지는 게 느껴진다고 했다. 아멜은 누구나 미니 타투를 새길 수 있다고 생각한다. 미니 타투는 더 많은, 또는 더 큰 타투를 새기기 전에 하는 입문용인 경우가 많다. 아멜은 사람들이 자신이 원하는 부위에 미니 타투를 새겨보길 권한다. 하지만 사랑하는 사람의 이름을 새기는 것만큼은 강력하게 반대한다.

" 미니 타투는 누구든 할 수 있어요.
미니 타투는 더 많은, 또는 더 큰 타투를
새기기 전에 하는 입문용인 경우가 많아요. **"**

예술적 영감과 모티프, 기법

아멜은 할머니가 쓰시던 그릇과 벽지, 원피스 등 빈티지 제품을 포함해
다양한 곳에서 영감을 얻는다. 윌리엄 모리스Willian Moris*도 무척 좋아한다.
디자인 주제로 꽃을 가장 좋아하는데, 꽃은 크기가 작은 디자인에도
잘 어울리기 때문이다. 조개껍데기도 아멜의 작품에 자주 등장한다.

　　"저는 작은 나뭇가지와 꽃, 조개껍데기를 가지고 디자인하는 걸 좋아해요.
물론 무엇으로도 디자인 창출은 가능하지만요."

　　아멜은 실핀과 열기구, 마스크 쓴 얼굴, 장갑 낀 손, 야자수 나무 같은
특이한 디자인도 좋아한다.

　　아멜은 피부에 바로 그리는 것도 좋아하지만, 아티스트 펜과 기본 연필을
사용해 종이에 먼저 그리는 걸 선호한다. 그녀는 고객이 주제와 위치, 크기를
포함해 원하는 바를 말해주면 예약을 잡은 뒤 알맞은 디자인을 생각해낸다.
고객의 피부에 바로 그리든 스케치를 먼저 하든, 고객이 원한다면 작업을
진행하면서 디자인을 수정하기도 한다. 아멜은 이렇게 말했다.

　　"결정은 고객과 함께해요."

---

* 19세기 영국의 공예가이자 건축가, 디자이너, 시인으로 '현대장식의 아버지'라 불린다. 모리스Morris, 마셜 Marshall, 포크 회사Faulkner & Co.를 설립했으며, 벽화, 벽지, 장식, 스테인글라스, 조각, 자수, 가구 등 많은 영역의 제품을 만들었다.

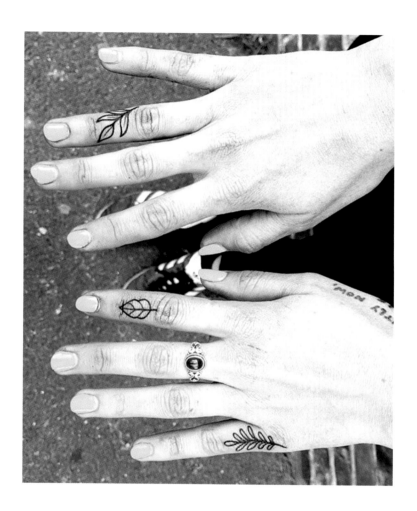

2.

ANIMAL

동물

no. 179
부엉이

no. 180
기하학적인 새

no. 181
평화의 독수리

no. 182
평화의 비둘기

no. 183
짧은 부리 새

no. 184
전선에 앉은 새

no. 185
키위새

no. 186
귀환하는 제비 실루엣

no. 187
새둥지

no. 188
바다오리

no. 189
플라밍고

no. 190
제비 스케치

no. 191
수탉

no. 192
제비

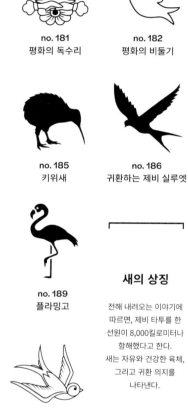

새의 상징

전해 내려오는 이야기에
따르면, 제비 타투를 한
선원이 8,000킬로미터나
항해했다고 한다.
새는 자유와 건강한 육체,
그리고 귀환 의지를
나타낸다.

한 무리의 새

발목이나 손목에
여러 마리의 새를
조그맣게 새기면
굉장히 매력적이다.
등 날개뼈에 새를
새기면 긍정적인
메시지를 전달할 수
있다.

no. 193
상세한 부엉이

no. 194
목욕놀이 오리

no. 195
울새

no. 196
휴식 중인 새

no. 197
노래하는 새

no. 198
제비 실루엣

no. 199
나뭇가지에 앉은 명금

no. 200
꽃가지와 명금

no. 201
벚꽃 나뭇가지와 명금

no. 202
경계 중인 명금

no. 203
펭귄

no. 204
앵무새

no. 205
큰부리새

no. 206
딱따구리

no. 207
코끼리

no. 208
얼룩말

no. 209
표범

no. 210
수사슴

no. 211
늑대

no. 212
기린

no. 213
다람쥐

no. 214
물소

no. 215
원숭이

no. 216
사자

no. 217
북미 사슴

코뿔소는 참을성과
민첩성을 나타낸다.

no. 218
코알라

no. 219
코뿔소

no. 220
곰

타고난 야생미

특별히 좋아하는
야생동물을 새겨도 좋다.
야생동물의 삶의 방식을
동경해서든, 그 특성 중
일부를 공유하고
싶어서든 야생동물을
미니 타투로 새기면
사람들의 관심을 한몸에
받을 수 있다.

이렇게 간단하게 그린 고양이는
아주 매력적이다.

no. 221
잠자는 고양이

no. 222
휴식 중인 고양이

no. 223
간단하게 그린 고양이

no. 224
고양이 실루엣

no. 225
경계하는 고양이

no. 226
애교부리는 고양이

no. 227
기지개 켜는 고양이1

no. 228
하트 모양 고양이

no. 229
고양이 루나

no. 230
기지캐 켜는 고양이2

no. 231
고양이 세미콜론

no. 232
훔쳐보는 고양이

짝꿍 디자인

no. 402
생선 뼈

no. 330
고양이 발자국

no. 727
실타래

no. 233
하트 모양 강아지

no. 234
닥스훈트

no. 235
레트리버

no. 236
콜리

no. 237
푸들

no. 238
폭스테리어

no. 239
허스키 옆모습

no. 240
레트리버 옆모습

no. 241
도베르만

no. 242
허스키

no. 243
복서

no. 244
프렌치 불도그

짝꿍 디자인

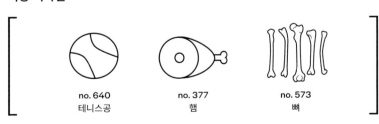

no. 640
테니스공

no. 377
햄

no. 573
뼈

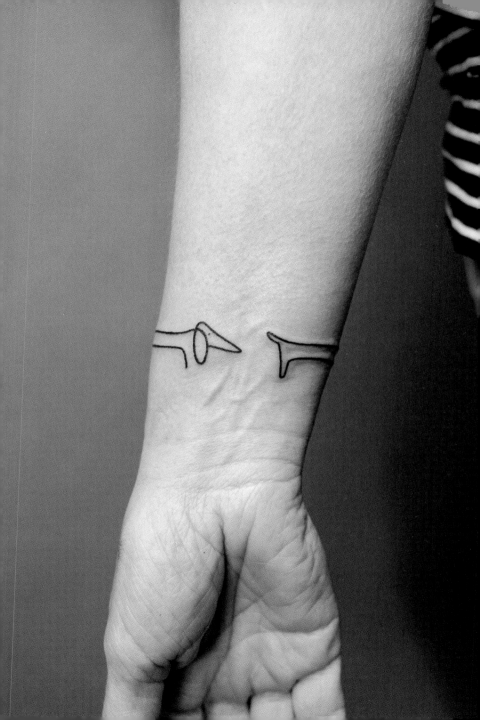

no. 245
돼지

no. 246
새장

no. 247
햄스터

no. 248
금붕어

no. 249
쥐

no. 250
하트 모양 토끼

no. 251
고슴도치

no. 252
꼬리 말린 쥐

no. 253
얼룩 무늬 다람쥐

no. 254
거북이 실루엣

no. 255
거북이

산토끼는 달과 연관 있는
신비로운 동물이다.

no. 256
깡충깡충 산토끼

짝꿍 디자인

당근은 특히 **no. 250**
(하트 모양 토끼), 그리고
no. 256(깡충깡충 산토끼)과
잘 어울린다.

no. 969
하트

no. 96
양치식물 잎

no. 363
당근

no. 257
불가사리

no. 258
문어

no. 259
게

no. 260
고래 꼬리

흰긴수염고래는 자비심과
창의성을 상징한다.

no. 261
가오리

no. 262
물개

no. 263
해마

no. 264
흰긴수염고래

no. 265
상어 지느러미

no. 266
상어

no. 267
돌고래

바닷속 세상

바다와 연관된
타투는 보호와 치유,
순수함을 나타낸다.
가장 좋아하는 해양
동물을 골라 매력적인
타투를 연출해보자.

no. 268
진주 품은 굴

no. 269
해파리

no. 270
물고기 실루엣

no. 271
도마뱀 실루엣

no. 272
뱀 실루엣

no. 273
뱀

no. 274
악어

no. 275
코브라

no. 276
도마뱀

no. 277
이구아나

no. 278
개구리

이집트에는 풍요를 상징하는
헤게트Heqet라는 개구리신이 있다.

no. 279
코모도왕도마뱀

no. 280
개구리 실루엣

no. 281
도마뱀 스케치

**파충류와
양서류**

파충류는 여러 종교의
창조 신화에서
중요한 역할을 한다.
일부 고대 문화에서는
개구리와 양서류를
신성하게 여기기도 한다.

no. 282
지렁이

no. 283
올챙이

no. 284
게코도마뱀

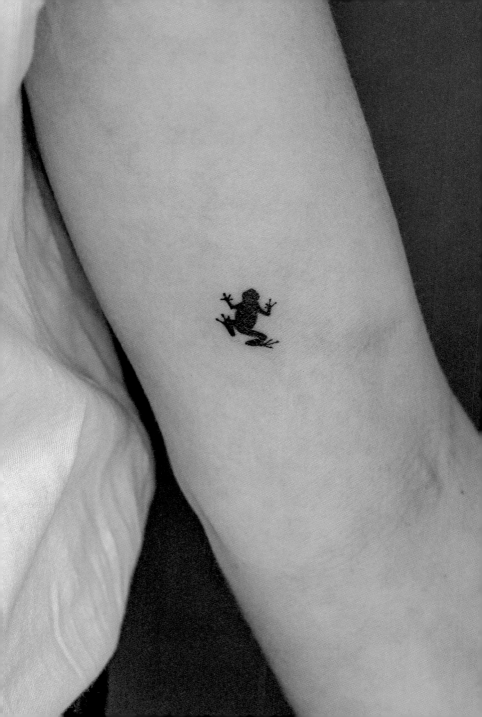

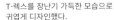

T-렉스를 장난기 가득한 모습으로
귀엽게 디자인했다.

no. 285
티라노사우루스 렉스

no. 286
스피노사우루스

no. 287
디메트로돈

no. 288
T-렉스

no. 289
플레시오사우어

no. 290
벨로키랍토르

no. 291
트리케라톱스

no. 292
털매머드

no. 293
모사사우루스

no. 294
스테고사우루스

no. 295
익룡

no. 296
브론토사우루스

짝꿍 디자인

no. 144
암모나이트

no. 542
별똥별

no. 326
동물 발자국

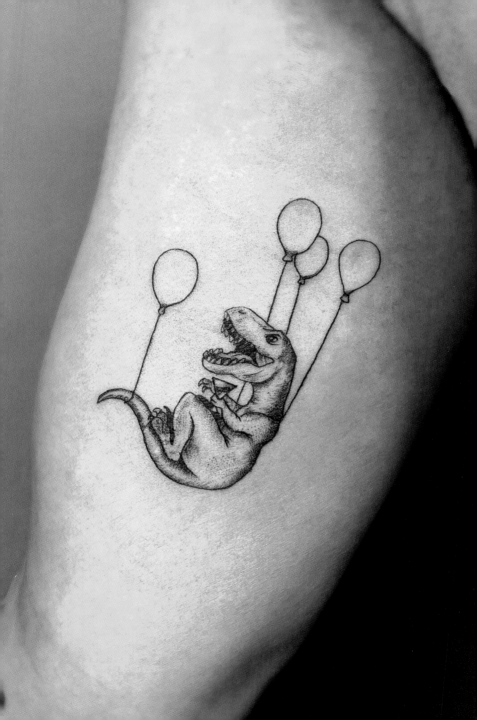

no. 297
벌

no. 298
잠자리

no. 299
점박이 나방

no. 300
사슴뿔 나방

no. 301
연약한 곤충

no. 302
작은반점 나방

no. 303
점무늬 나방

no. 304
나비

no. 305
곤충 실루엣

no. 306
풀잠자리

no. 307
무늬 나방

곤충 타투

모든 곤충은 우리에게
영감을 준다.
나방과 나비는 부활과
변화를 의미하는
아름다운 생명체다.
이 중에서는 특히나
벌이 인기가 많다.

no. 308
검은 나방

no. 309
무늬 나비

no. 310
점박이 나비

no. 311
딱정벌레

no. 312
무당벌레

no. 313
무늬가 있는 벌레

no. 314
날개 달린 벌레

no. 315
개미

no. 316
사슴뿔 벌레

no. 317
기생충(이)

no. 318
줄무늬 벌레

no. 319
점박이 벌레

no. 320
연약한 벌레

no. 321
소금쟁이

no. 322
진딧물

짝꿍 디자인

no. 41
야생 장미

no. 126
백년초

no. 71
덩굴잎

no. 323
말발굽

no. 324
오리 발자국 실루엣

no. 325
사슴 발자국

no. 326
동물 발자국

no. 327
강아지 발자국

no. 328
오리 발자국

no. 329
명금(새) 발자국

no. 330
고양이 발자국

곰 발자국은 용기와
모성애를 나타내기도 한다.

no. 331
곰 앞발자국

no. 332
곰 뒷발자국

no. 333
가시동물 발자국

동물 발자국

동물 발자국은
일반적으로 안정감과
정력, 기동성을
나타낸다. 좋아하는
동물에 대한 애정을
드러내고 싶다면
해당 동물의 발자국을
타투로 새겨보아도 좋다.

no. 334
곰 발자국

no. 335
새 발자국

no. 336
양서류 발자국

no. 337
지니

no. 338
그리핀

no. 339
머리 3개 달린 드래곤

no. 340
예티(정체 미상의 '눈사나이'로 불리는 동물)

유니콘은 초월적인 힘과 순수함을 상징한다.

no. 341
늑대인간

no. 342
팅커벨

no. 343
인어공주

no. 344
유니콘

no. 345
드래곤

no. 346
메두사

no. 347
드래곤 실루엣

no. 348
유니콘 실루엣

짝꿍 디자인

no. 173
부서지는 파도

no. 1087
프리즘 크리스털

no. 523
슈팅스타

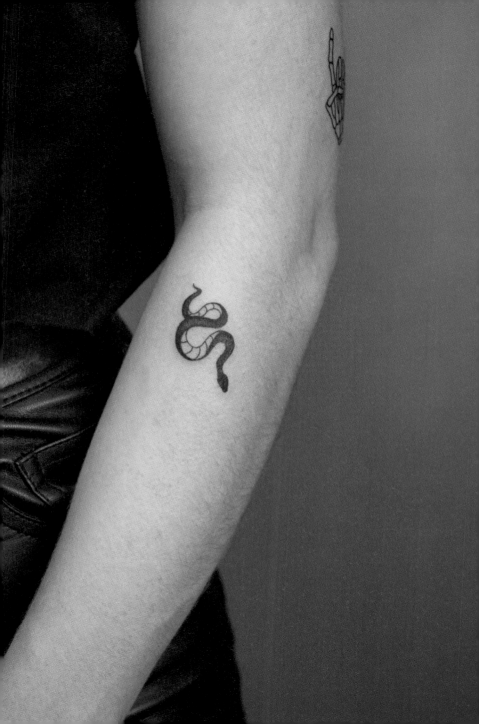

음식

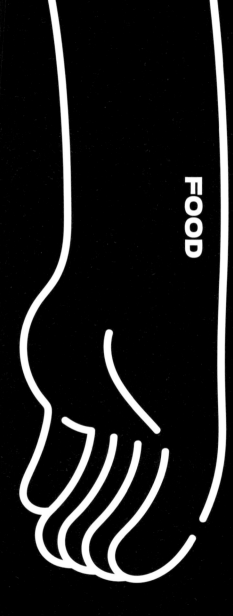

FOOD

no. 349
블랙베리

no. 350
파인애플

no. 351
사과

체리는 다산을
상징하기도 한다.

no. 352
체리

no. 353
사과 심

no. 354
배

no. 355
석류

no. 356
레몬

no. 357
딸기

no. 358
레몬 반쪽

no. 359
수박 한쪽

과일

과일은 역사적으로나
문화적으로나
여러 가지 상징성을 띤다.
예를 들어 사과는
지식이나 유혹을 의미한다.
인터넷 검색을 통해
자신을 상징할 수 있는
과일을 찾아보기 바란다.

no. 360
포도

no. 361
바나나

no. 362
블루베리

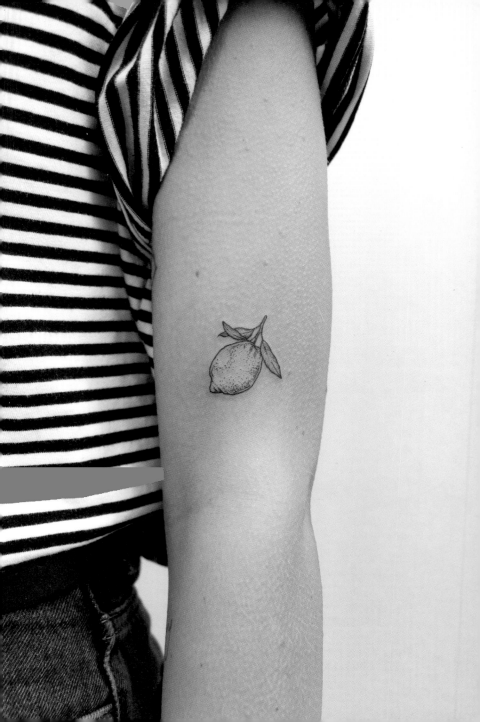

no. 363
당근

no. 364
토마토

no. 365
마늘

no. 366
순무

no. 367
대파

no. 368
콜리플라워

no. 369
칠리 고추

no. 370
가지

no. 371
피망 반쪽

no. 372
브로콜리

no. 373
상추

**건강에 좋은
채소**

채소는 시력 개선부터
활력 증진까지
건강에 상당히 이롭다.
평소 좋아하는 채소를
몸에 새겨 채소에 대한
고마움을 드러낼 수 있다.

no. 374
완두콩

no. 375
피망

no. 376
아보카도

no. 377
햄

no. 378
소시지

no. 379
닭다리

no. 380
식빵

no. 381
피자

no. 382
피자 한 조각

no. 383
샌드위치 토스트

no. 384
치즈

추수감사절에 자랑하기
좋은 디자인이다.

no. 385
호박파이

no. 386
스테이크

no. 387
옥수수

no. 388
삶은 달걀

짝꿍 디자인

no. 778
요리사 모자

no. 456
맥주

no. 635
축구공

no. 389
테이크아웃 중국음식

no. 390
케첩과 머스터드

no. 391
치킨랩

no. 392
케밥

햄버거를 좋아한다면
이런 귀여운 디자인을
선택하지 않을 이유가 없다.

no. 393
타코

no. 394
햄버거

no. 395
달걀프라이

no. 396
통닭구이

no. 397
펜네

no. 398
파팔레

no. 399
리가토니

no. 400
콘킬리에

짝꿍 디자인

no. 779
끓는 냄비

no. 772
중화요리 칼

no. 595
위

82

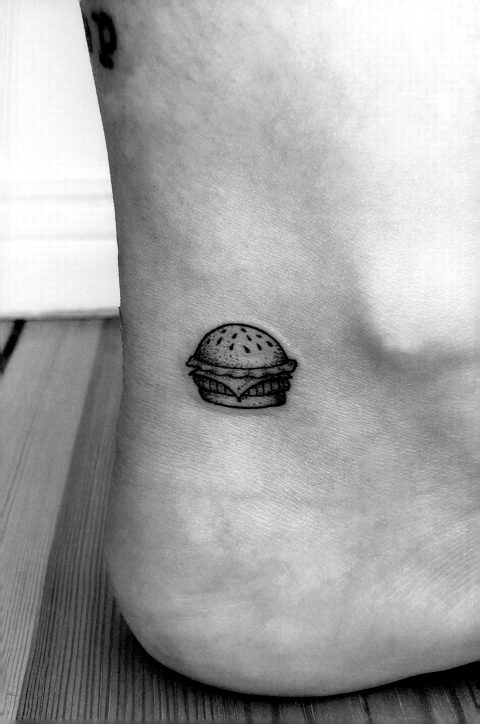

no. 401
주먹밥

no. 402
생선 뼈

no. 403
참치 초밥

no. 404
연어 초밥

no. 405
고깔 모양 초밥

no. 406
게살 초밥

no. 407
캘리포니아롤

no. 408
쉬운 고깔 모양 초밥

no. 409
네모난 김초밥

no. 410
쉬운 캘리포니아롤

no. 411
김초밥

초밥 한 상

초밥 애호가들이 고를 수
있는 디자인이 많다.
연어부터 롤과 국, 초밥과
곁들여 먹는 음식까지
없는 디자인이 없다.

no. 412
간장

no. 413
참치

no. 414
젓가락

초밥의 역사

초밥의 역사는 2000년 이상 거슬러 올라가야 할 정도로 오래되었다. 일본 요리나 문화에서 결코 빼놓을 수 없다. 모양이 예뻐 타투 디자인으로 그만이다.

no. 415
송어

no. 416
미소된장국

no. 417
바닷가재 미소된장국

no. 418
롤초밥

no. 419
테이크아웃 누들

no. 420
초밥 도시락

no. 421
생선알

no. 422
조개

no. 423
바닷가재

no. 424
고등어

no. 425
꼬치

no. 426
새우

no. 427
간단한 새우 초밥

no. 428
새우 초밥

no. 429
애프터눈 티

no. 430
모닝 티

no. 431
크루아상

no. 432
라떼

no. 433
팩 우유

no. 434
테이크아웃 커피

no. 435
카푸치노

no. 436
커피 컵

직업이 바리스타라면
특히 추천한다.

no. 437
커피콩

no. 438
에스프레소 모카포트

no. 439
주전자

no. 440
티포트

짝꿍 디자인

no. 513
세계 여행

no. 781
오븐용 장갑

no. 444
케이크

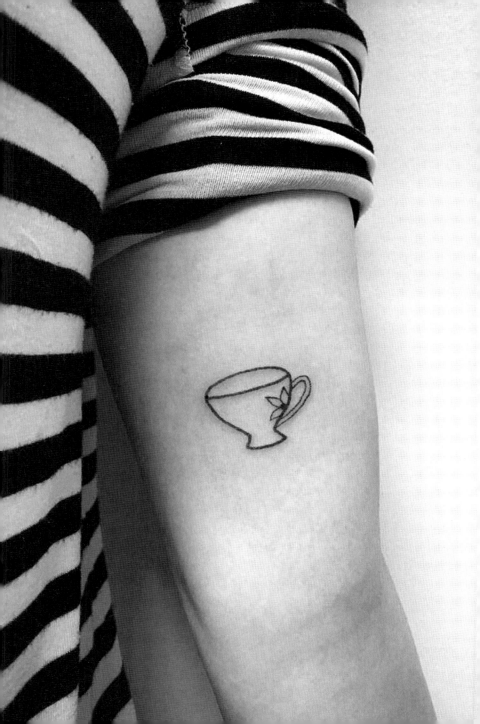

no. 441
컵케이크

no. 442
젤라또 아이스크림

no. 443
팝콘

no. 444
케이크

아주 귀여운
미니 아이스크림이다.

no. 445
콘 아이스크림

no. 446
젤리 곰

no. 447
막대 아이스크림

no. 448
롤리팝

no. 449
치즈케이크

no. 450
쿠키

no. 451
설탕 입힌 도넛

달콤한 디저트

아무런 의미를
부여하지 않고
재미 삼아 타투를
새겨보고 싶을 때
가벼운 마음으로
시도하기에 적합한
디자인들이다.

no. 452
롤케이크

no. 453
초콜릿케이크

no. 454
도넛

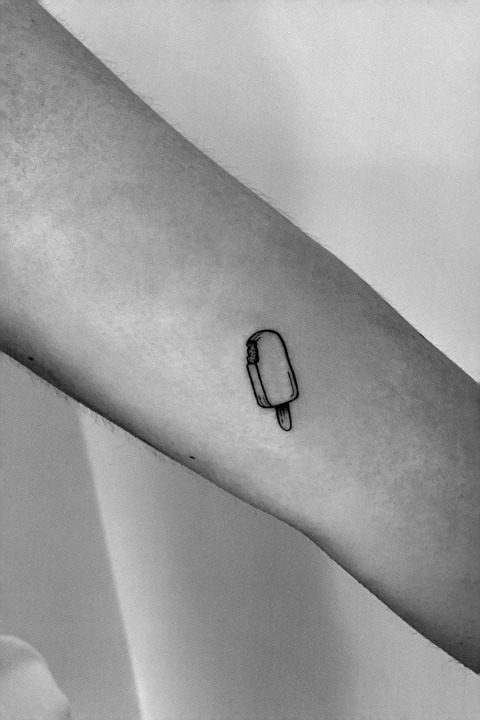

no. 455
술

no. 456
맥주

no. 457
샷 글라스

no. 458
칵테일 셰이커

no. 459
청량음료 캔

no. 460
와인

no. 461
건배

데낄라를 즐겨 마신다면
좋은 선택이 될 수 있다.

no. 462
데낄라

no. 463
칵테일

no. 464
위스키

no. 465
마티니

no. 466
샴페인

짝꿍 디자인

no. 358
레몬 반쪽

no. 747
잇단음표

no. 382
피자 한 조각

엘라 벨 Ella Bell

영국 엑서터Exeter에 위치한 스튜디오 아티움잉크Artium Ink 소속
인스타그램: Instagram@ellabelltattoo
페이스북: Facebook Ella Bell Tattoo
개인 홈페이지: Ellabelltattoo.bigcartel.com

영국 엑서터에서 활동 중인 타투이스트 엘라 벨은 10대 때 타투에 관심이 생겨 15세 때 처음으로 작은 동그라미 모양의 타투를 새겼다. 그녀는 타투이스트가 되고 싶은 마음을 깨닫자마자 플리머스Plymouth시에 위치한 타투이스트 양성 스튜디오에 견습생으로 들어갔다. 엘라가 생각하기에 미니 타투는 타투 시술 과정이 두려운 사람에게 첫출발로 제격이다. 엘라는 이렇게 말했다.

"미니 타투도 크기가 큰 타투만큼이나 예쁘고 매력적이에요."

그녀는 타투를 망설이는 사람들에게 자신이 좋아하는 스타일의 타투이스트를 찾아보고, 필요하다면 직접 만나보라고 권하며 진심이 담긴 조언을 했다.

"타투는 영원히 함께하는 친구예요. 그렇기 때문에 할 만한 가치가 있어요!"

엘라는 다양한 분야에서 예술적 영감을 얻는다. 고딕미술, 르네상스미술, 중세미술을 비롯해 건축물과 직물에서 찾아볼 수 있는 장식무늬, 기존 스타일의 타투와 특정 부족의 타투에서 보이는 무늬까지. 이뿐만이 아니다. 다른 타투이스트의 작품과 고전동화, 목판화, 종교화, 마술과 초자연적인 상징, 식물과 자연과학 그림에서도 영감을 얻는다.

엘라는 예술로 먹고살 수 있어 행복하다고 했다. 목적의식을 가질 수 있고, 아티스트로서 성장하는 기회를 누릴 수 있기 때문이다.

"누군가의 피부에 표식을 새기는 일은 하나의 특권이고, 많은 사람과 신뢰를 주고받는다는 건 엄청난 영광이에요."

**❝ 타투를 통해 누군가가 더욱 행복해진다면
저 역시 행복하고 기뻐요. ❞**

가장 좋아하는 디자인과 기법

엘라는 장식 디자인과 식물 디자인, 이야기가 있는 디자인을 좋아한다.
미니 타투의 경우 점(도트)과 별, 십자가, 눈물 패턴이 어우러진 장식 디자인을
주로 사용한다. 그녀의 작품의 큰 특징은 초승달과 단순한 형태, 꽃과 잎 같은
문양이 반복되는 것이다. 엘라는 새로운 기법을 배울 수 있고 다른 스타일의
선과 음영을 시도해볼 수 있어 타투 일이 너무나도 즐겁다고 했다.

엘라는 고객에게 맞춤형 디자인을 제공하기 위해 우선 연필로 스케치한 뒤
디자인 구성이 만족스러우면 그제야 펜으로 따라 그린다. 그녀는 가급적이면
고객에게 디자인을 미리 보여주지 않는다며 이렇게 말했다.

"시술을 하기 전에 항상 고객과 함께 디자인을 검토해 필요한 변화를
주거나 몸에 맞게 크기를 조정하는 시간을 가져요. 필요하다면 일부 수작업을
진행하는 시간을 갖기도 하죠. 이메일을 주고받으며 디자인에 대해 논의하는
것보다 훨씬 생산적이고 즐거워요."

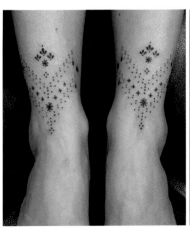

4.

여행

TRAVEL

no. 467
풍차

no. 468
화산 폭발

no. 469
탑

no. 470
이오니아식 기둥

에펠탑은 단번에
눈에 띄는 디자인이다.

no. 471
랜드마크 스카이라인

no. 472
시드니 오페라하우스

no. 473
에펠탑

no. 474
성 바실리 대성당

no. 475
피라미드

no. 476
CN타워

no. 477
런던 빅벤

전 세계
랜드마크

휴가 때 방문했던
도시의 랜드마크를
미니 타투로 새기면
즐거웠던 시간을
재미있는 방식으로
기억할 수 있다.
휴가를 다녀올 때마다
미니 타투를 새겨
전 세계 랜드마크를
모아보는 건 어떨까?

no. 478
자유의 여신상

no. 479
콜로세움

no. 480
브라질 구세주
그리스도상

no. 481
캠핑카

no. 482
잠수함

no. 483
스케이트보드

no. 484
부러진 스케이트보드

열기구는 자유의
상징으로 인기가 많다.

no. 485
자전거

no. 486
비행기

no. 487
전차

no. 488
열기구

no. 489
페니파딩

no. 490
자동차

no. 491
배

no. 492
기차

짝꿍 디자인

no. 537
지구

no. 265
상어 지느러미

no. 545
태양

닻은 안정성과
아이디어를 상징한다.

no. 493
카메라

no. 494
닻

no. 495
서핑보드

no. 496
하트 모양 지구

no. 497
모래성

no. 498
튜브

no. 499
산호초 매듭

no. 500
종이비행기

no. 501
우산

no. 502
비치 파라솔

no. 503
지도

no. 504
알프스 산맥

즐거운 휴가

휴가 때 산책을 하든, 요트나 스키, 스노우보드를 타든, 해변에서 시간을 보내든,
여기 소개한 디자인들은 보기만 해도 활기가 돋는다.

no. 505
산림

no. 506
눈 결정체

no. 507
스노우보드

no. 508
산장

no. 509
오리발

no. 510
나침반

no. 511
스노클 장비

no. 512
산길

no. 513
세계 여행

no. 514
서류 가방

no. 515
스키 고글

no. 516
등대

no. 517
스위스 샬레(오두막집)

no. 518
망원경

no. 519
배 타륜

no. 520
플리플랍

엘리엇 피탐 Ellot Pittam

영국 런던에 위치한 스튜디오 올드해비츠타투Old Habits Tattoo 소속
인스타그램: Instagram@paradisehellow
페이스북: Facebook Old Habits Tattoo

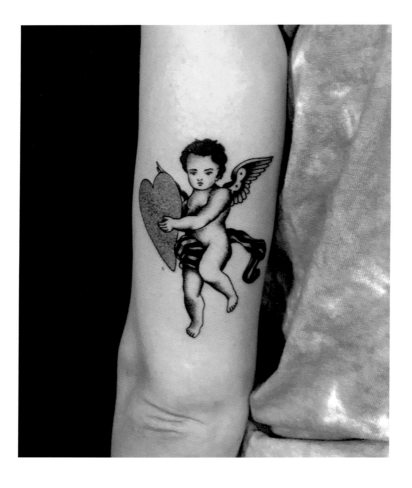

엘리엇 피탐은 친구에게서 받은 낡은 타투 기계 때문에 타투이스트가 되었다. 그는 그 낡은 기계로 자신의 발목에 첫 타투 시술을 했다. 서커스 텐트를 새겼는데, 기계 사용법을 전혀 모르는 상태였음에도 그 타투는 지금까지 건재하다고 한다. 엘리엇은 미술을 공부한 적은 없지만 늘 미적 감각을 발휘하는 일을 하고 싶었다 타투를 바라보는 시선이 곱지 않다는 이유로 타투이스트가 되는 걸 포기하고 싶지는 않았다. 오히려 그런 점 때문에 처음에 타투이스트 일에 매력을 느꼈다.

엘리엇은 타투를 고민한다면 너무 깊이 생각하지도, 큰 의미를 부여하지도 말라고 말했다. 고민할 시간에 예쁜 디자인을 선택하고 어느 부위에 새기는 것이 좋을지 타투이스트에게 물어보는 게 낫지 않을까? 엘리엇이 생각하기에 미니 타투는 덜 부담스러우면서도 더 매력적인 면이 있다. 단독으로 그리든, 빈자리를 메꾸기 위해서 그리든 그 자체로 아름답기 때문이다. 하지만 한 가지는 꼭 기억해야 한다고 했다.

"미니 타투의 아름다움은 오래가지 않을 수 있어요. 시간이 흐르면 조금씩 조금씩 희미해지죠."

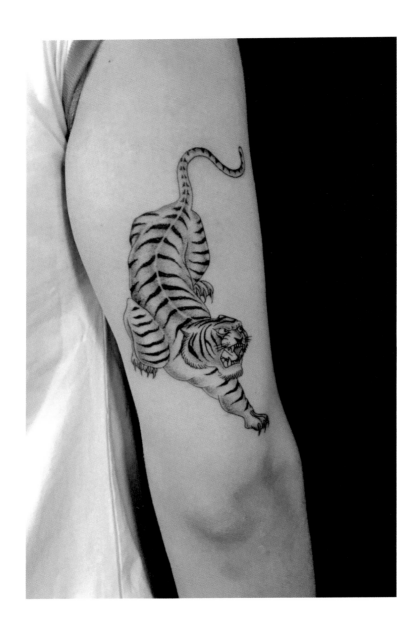

예술적 영감과 가장 좋아하는 디자인

엘리엇은 주로 동양의 미술과 문화에서 영감을 얻지만, 런던적인 요소도 빠뜨리지 않는다.

"저는 타투를 균형 있게 그리고 싶어요. 빛이 있으면 그림자가 있는 것처럼 말이에요. 제 디자인은 동양의 아름다움과 런던의 퇴폐미가 균형을 이루고 있어요."

엘리엇은 줄무늬와 비늘을 자주 그리면서도 항상 디자인을 발전시켜 나간다. 밝은 바탕에 검은색을 사용하는, 이른바 역상 대비는 그 효과가 두드러져 자주 사용한다. 그리고 장미와 야자수, 호랑이, 거미, 뱀을 특히나 좋아한다.

엘리엇은 자신이 일하는 '올드해비츠타투'는 말 그대로 길거리 스튜디오로, 지나가다 누구든 편한 마음으로 들어와도 환영이라고 말했다. 그런 스튜디오의 성격 탓에 소속 아티스트들이 디자인을 자유롭게 연출하는 것이 아닐까?

엘리엇은 디자인을 하기 전에 참고 자료를 먼저 찾아본다. 잡지, 성냥갑, 광고, 패션 등. 큰 타투를 기준으로 잡고 그 주변에 작은 타투를 그려나가는 디자인을 좋아한다. 타투 아티스트로서 보내는 나날들은 비슷하지만, 엘리엇은 그 속에서 새로운 작품을 위해 색다른 무언가를 시도하고 또 시도한다.

❝ 어린아이였을 때 제 눈에 비친 타투는 정말로
멋있어 보였어요. 어른이 된 지금도 마찬가지예요.
타투는 시선을 사로잡는 매력이 있어요. **❞**

5.

천문학

ASTRONOMY

no. 521
미소 짓는 별

no. 522
성난 별

no. 523
슈팅스타

no. 524
별무리

no. 525
슬퍼하는 별

no. 526
울고 있는 별

no. 527
속상한 별

no. 528
별들의 집단(성단)

아름다운 명암이 가능한
디자인이다.

no. 529
혜성

no. 530
빛나는 별

no. 531
우주의 별

no. 532
별 그래픽

짝꿍 디자인

no. 1033
수정구슬

no. 535
외계인

no. 344
유니콘

독특한 고리가
매력적인 디자인이다.

no. 533
토성

no. 534
빛의 속도

no. 535
외계인

no. 536
우주 장치

no. 537
지구

no. 538
은하수

no. 539
우주비행사

no. 540
우주선

no. 541
태양계

no. 542
별똥별

no. 543
궤도

no. 544
로켓

짝꿍 디자인

no. 916
화성

no. 561
달 분화구

no. 521
미소 짓는 별

no. 545
태양

no. 546
뾰족한 태양

no. 547
빛나는 태양

no. 548
기하학무늬 태양

어둡게 표현해 기존의 태양
디자인에 재미를 더했다.

no. 549
부족 문양 태양

no. 550
해님

no. 551
아즈텍문명 태양

no. 552
태양 실루엣

no. 553
달과 태양

no. 554
회오리 태양

no. 555
해질녘

지구의 중심,
태양

태양은 힘과 에너지,
그리고 부활을 상징한다.
태양을 전체의 중심으로
보는 문화권이 많아
항상 인기가 많다.

no. 556
구불구불 태양

no. 557
히피족 태양

no. 558
점을 찍은 태양

신비로운 달

전 세계 여러 문화를
다루는 담론에 달이
등장한다. 주기적으로
형태가 변하는 달의
모습은 미니 타투로
새기기에 매력적이다.
달은 여성스럽고
신비로우며 오묘한
느낌을 자아낸다.

no. 559
달과 별

no. 560
남자 얼굴을 한 달

no. 561
달 분화구

no. 562
세련된 달

no. 563
달 실루엣

no. 564
환한 달

no. 565
삭

no. 566
초승달

no. 567
상현달

no. 568
상현망

no. 569
보름달

no. 570
하현망

no. 571
하현달

no. 572
그믐달

메그 랭데일 Meg Langdale

영국 레스터Leicester에서 개인 스튜디오 운영
인스타그램: Instagram@meglangdaletattoo
페이스북: Facebook Meg Langdale Tattoo

메그 랭데일은 타투이스트가 되기 전까지 직장을 다니며 프리랜서 일러스트레이터로 일했다. 지금은 크고 작은 타투가 몸에 여러 개 있지만, 손목에 있는 검은색의 작은 하트가 메그의 생애 첫 타투다. 메그가 처음으로 자신의 몸에 직접 시술한 타투는 작은 장미인데, 이는 (타투이스트로서) 그녀의 첫 시술이기도 하다. 메그는 몸에 새긴 타투 수가 많아지고, 타투 스튜디오에서 보내는 시간이 길어지고, 타투 전시회에 참가하면서 디자인 제작 요청을 많이 받았고, 이를 계기로 타투 일을 배우기 시작했다.

메그에게 예술은 언제나 인생의 한 부분이었는데, 타투를 접하고 처음으로 예술이 직업이 될 수 있다는 생각을 하게 되었다. 메그는 매일매일 창의력을 발휘할 수 있는 직업을 가져 매우 행복하고, 자유롭게 일할 수 있어 감사하다고 말했다. 그리고 본인의 스타일로 디자인을 창작할 수 있게 자신을 믿어주고 지지해주는 고객에게도 고마움을 표했다.

"저는 늘 그림 그리기를 좋아했는데, 타투이스트가 되니 돈도 벌면서 매일 그림을 그릴 수 있어 좋아요."

메그는 사람들이 전보다 타투에 호의적이냐는 질문에는 두 가지 마음이라고 했다.

"지난 10여 년 동안 큰 변화가 있었어요. 제가 타투이스트로 몸담은 지난 5년 동안은 더욱 그랬고요. 타투에 관심을 갖는 사람이 훨씬 많아졌어요. 그리고 예전보다 타투를 매력적이라고 생각하는 사람이 많죠."

여성으로서 꽤 많은 타투를 한 메그를 보고 사람들은 여전히 엇갈린 반응을 보이지만 메그는 타투를 하나의 예술로, 그리고 개인 표현의 수단으로 보는 사람이 많다고 생각한다.

가장 좋아하는 디자인과 기법, 그리고 예술적 영감

메그는 식물과 곤충, 새 등 자연에서 주로 영감을 얻는다. 그리고 말편자와 초승달 무늬를 좋아한다. 꽃과 식물 이미지 검색에 많은 시간을 들이기도 하는데, 실제로 참고할 책과 이미지를 셀 수 없이 많이 가지고 있다.

처음 일을 시작했을 때는 미니 타투를 많이 시술했지만 지금은 크기를 가리지 않는다. 메그는 언젠가 전신 타투 작업을 할 생각이고, 그다음에는 작은 크기의 매칭타투(똑같은 문양을 새기는 것)도 시도해볼 생각이다. 그녀는 힘주어 이렇게 말했다.

"타투는 고객 못지않게 저에게도 중요하고 의미 있는 작업이에요."

메그는 자신에게 영감을 주는 아티스트를 끊임없이 만나고 있다. 초기에는 레베카 빈센트의 작품 사진을 가져와 참고해달라고 이야기하는 고객이 많았다고 한다. 그래서 타투이스트로서 자신의 커리어를 형성하는 데 레베카의 작품을 빼놓을 수 없다고 말했다. 메그와 레베카는 스타일이 매우 다르지만, 꽃 디자인에 있어서는 두 아티스트 모두 대단한 실력자다. 메그는 많은 아티스트의 작품을 보고 영감을 얻는데, 그중에서도 저스틴 올리비에Justin Olivier와 페리 스미크Perry Smick의 작품을 특히 좋아한다.

검은색과 회색만 사용하고, 선과 음영이 섬세한 것이 메그 작품의 특징이다. 메그는 실제와 똑같은 이미지를 참고해 작업하는 편인데, 일러스트적인 느낌을 주면서도 꽃을 현실감 있게 그리고 싶은 마음이 크기 때문이다.

타투가 처음인 사람들에게

메그는 타투 입문자에게는 미니 타투를 추천한다. 미니 타투는 크게
부담스럽지 않으니까. 사람들은 시술 과정과 작업 환경만으로도 쉽게
겁을 먹는다. 메그는 결심했다면 실행에 옮기기 전에 자신에게 맞는
타투이스트를 찾아야 한다고 강조했다. 원하는 디자인으로 타투를
할 생각을 하면 자신감이 생기기 때문이다. 메그는 깊은 의미를 담아
타투를 해도 좋지만, 예술 작품을 수집할 목적이나 자신을 꾸미기 위한
목적으로 타투를 해보는 것도 좋다고 강조했다.

" 타투는 누구나 할 수 있어요.
왜 타투를 나쁘게 보는지 모르겠어요. **"**

해부학

ANATOMY

no. 573
뼈

no. 574
발 골격

no. 575
로큰롤 사인

no. 576
무릎 관절

no. 577
해골 실루엣

no. 578
해적 문양

no. 579
하트 눈 해골

no. 580
왕관 쓴 해골

no. 581
해골

no. 582
죽은 자들의 날

no. 583
펑크 스타일 해골

뼈와 해골 디자인

뼈와 해골 디자인은
오래전부터 인기가
많았다. 삶의 큰 변화와
죽음을 상징한다.
옛날에는 반역자에게
찍는 낙인으로 보았다.

no. 584
무릎 연골 측면

no. 585
흉곽

no. 586
활짝 웃는 해골

no. 587
자궁

no. 588
고환

no. 589
머릿속 뇌

no. 590
뛰는 심장

no. 591
폐

no. 592
장

no. 593
모낭

no. 594
안구

기존의 하트 모양 심장을
현대적으로 새롭게 디자인한 것이다.

no. 595
위

no. 596
신장

no. 597
뇌

no. 598
심장

짝꿍 디자인

no. 691
생명

no. 701
알약

no. 694
약

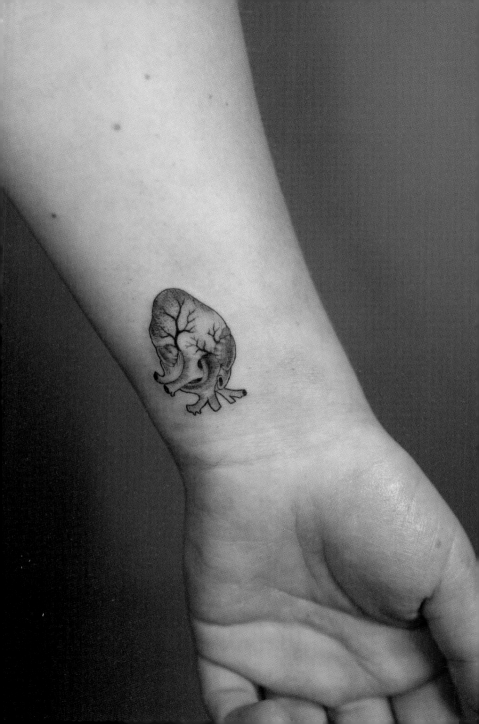

no. 599
치아와 치약

no. 600
건강한 치아

no. 601
입술과 혀

no. 602
입술

no. 603
충치

no. 604
치아 교정

no. 605
콧수염

no. 606
멋쟁이 콧수염

no. 607
치아 실루엣

no. 608
3D 치아

no. 609
썩은 이

no. 610
치아 모형

짝꿍 디자인

머리빗 실루엣은 특히 **no. 605**
(콧수염), 그리고 **no. 606**
(멋진 콧수염)과 잘 어울린다.

no. 689
펜치

no. 1004
사탕

no. 768
머리빗 실루엣

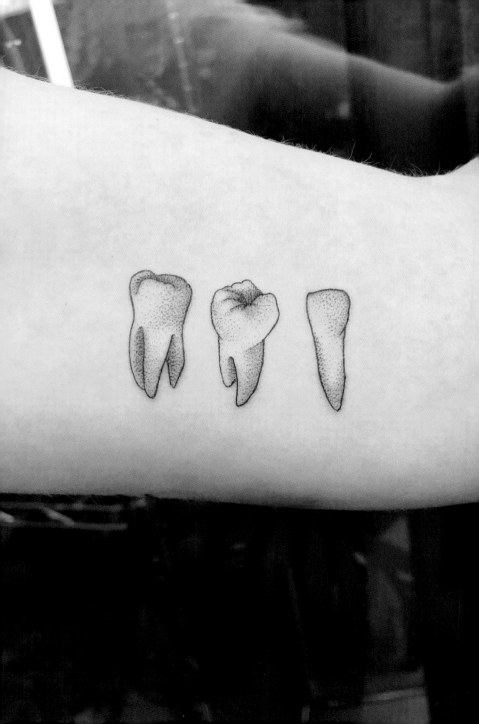

7.

SCIENCE

과학

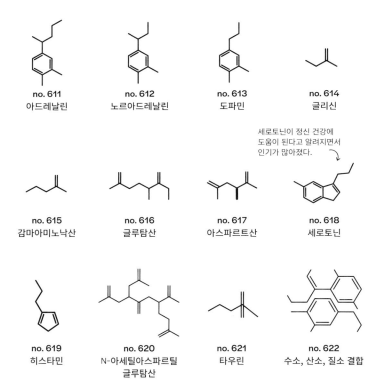

no. 611
아드레날린

no. 612
노르아드레날린

no. 613
도파민

no. 614
글리신

세로토닌이 정신 건강에
도움이 된다고 알려지면서
인기가 많아졌다.

no. 615
감마아미노낙산

no. 616
글루탐산

no. 617
아스파르트산

no. 618
세로토닌

no. 619
히스타민

no. 620
N-아세틸아스파르틸
글루탐산

no. 621
타우린

no. 622
수소, 산소, 질소 결합

짝꿍 디자인

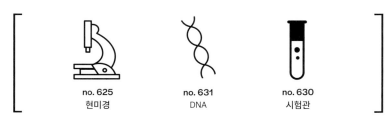

no. 625
현미경

no. 631
DNA

no. 630
시험관

no. 623
방사선

no. 624
원자

no. 625
현미경

no. 626
온도계

과학을 좋아한다면
추천한다.

no. 627
페트리 접시

no. 628
유전자 변형 사과

no. 629
플라스크

no. 630
시험관

no. 631
DNA

no. 632
이중 나선

no. 633
자석

no. 634
배터리

짝꿍 디자인

no. 706
책과 사과

no. 700
캡슐

no. 701
알약

해너 피시 스노든 Hannah Pixie Snowdon

인스타그램: Instagram@hannahpixiesnow
개인 홈페이지: fromhannahpixiewithlove.com

해너 피시 스노든은 여행하는 타투 아티스트다. 18세 때 타투이스트 일을 시작했고, 첫 시술로 자신의 몸에 직접 타투를 새겼다.

"하트 문양의 미니 타투도 처음 시술할 때 새긴 거예요. 귀 뒤에 있는데 지금도 매우 아끼죠."

해너는 사랑하는 이를 추모하고 싶을 때 미니 타투만 한 게 없다고 생각한다. 타투이스트 일을 한 지는 10년 정도 되었고, 고객과 일대일로 만나 작업한다. 그녀는 이렇게 말했다.

"낯선 사람을 만나 시시콜콜한 대화를 나누면서 함께한 시간을 떠올리게 하는, 영원히 지워지지 않는 물리적 표식을 남긴 후 잘 가라 손 흔들어주는 것! 저와 제 작품에 그만한 영광이 있을까요?"

해너는 순수한 열정으로 일하는 아티스트를 좋아한다며 이렇게 말했다.

"타투는 에너지 교환이에요. 말하자면 상호작용이죠. 에너지 교환이 균형 있게 이뤄지지 않으면, 오로지 돈을 벌기 위해, 인정과 칭찬을 받기 위해 타투를 그리면 결과물이 아무리 뛰어나더라도 예술가로서 열정은 없다고 봐요."

그리고 이렇게 덧붙였다.

"나와 주파수가 맞는 아티스트, 나를 편안하게 하는 아티스트, 그리고 공감능력이 있는 아티스트를 찾으세요."

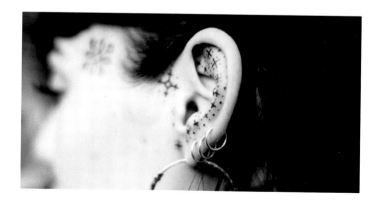

예술적 영감과 기법

해너는 자연에서 많은 영감을 얻는다.

"저는 꽃이 정말 좋아요! 사실적인 면보다 장식적인 면이 많긴 해도요. 버섯, 잎, 몸집이 작은 동물, 큰 동물…… 숲에 가면 다 볼 수 있어요! 자연과 깊이 연결되어 있는 느낌이 참 좋아요."

해너는 끊임없이 자신의 스타일을 실험해볼 생각이지만, 현재는 검은색과 회색, 몇 가지 밝은 색상만 즐겨 사용하는 편이라고 했다.

"지금은 단순한 스타일을 고집하고 있어요. 굵은 선과 점은 항상 잘 어울려요. 대비효과가 확연히 드러나거든요."

해너는 주로 손으로 작업하는데, 생각나는 대로 바로 피부 위에 그림을 그린다. 그렇게 해야 '마음에서 우러나오는' 디자인을 만들어낼 수 있기 때문이다.

요즘은 기술이 발달해 많은 아티스트가 아이패드를 사용한다. 해너는 보다 단순하고 자연스럽게 작업을 하고 싶은 마음에 현대 기술을 사용하지 않는다. 해너는 자신의 작업 과정을 설명하며 이렇게 말했다.

"저는 아무 계획이 없는 상태로 고객을 만나요. 고객은 타투를 새기고 싶은 부위, 예산(그래야 제가 자제할 수 있어요), 그리고 원하는 스타일만 말해주면 돼요. 그 후부터는 제가 마법을 부려요!"

66 마음을 다해 상대방의 몸에 타투를 새길 때,
서로 오가는 에너지 속에서
말로 설명할 수 없는 무언가를 느낄 수 있어요. **99**

8.

TOOLS OF
THE TRADE

다양한
물건

no. 635
축구공

no. 636
미식축구 헬멧

no. 637
야구 글러브

no. 638
야구 방망이와 야구공

no. 639
테니스채

no. 640
테니스공

no. 641
농구 골대

no. 642
배구공

근육이 솟은 팔뚝(이두박근)에
새기면 잘 어울린다.

no. 643
케틀벨

no. 644
덤벨

no. 645
스케이트화

no. 646
럭비공

스포츠 자신감

자신 있는 스포츠나 주말에 즐기는 스포츠가 있다면,
관련 디자인의 타투를 몸에 새겨 자신감과 열정을 드러내보자.

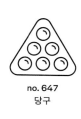

no. 647
당구

no. 648
8볼

no. 649
양궁

no. 650
러닝

no. 651
수영

no. 652
골프

no. 653
골프공

no. 654
볼링

no. 655
셔틀콕

no. 656
롤러스케이트

no. 657
탁구

no. 658
복싱 글러브

no. 659
스톱워치

no. 660
트로피

no. 661
메달

no. 662
호루라기

no. 663
열쇠

no. 664
행운의 열쇠

no. 665
하트 열쇠

no. 666
황금 열쇠

no. 667
자물쇠

no. 668
열쇠 실루엣

no. 669
친환경 전구

no. 670
전구 필라멘트

no. 671
나선형 전구

no. 672
회오리 전구

no. 673
세 갈래 전구

가정에서
사용하는 물건

가정에서 사용하는
물건도 특별한 타투
디자인이 될 수 있다.
전구는 총명함과
통찰력을 나타낸다.
전구를 타투로 새겨
번뜩이는 생각을 새롭게
표현해봐도 좋다.

no. 674
평범한 전구

no. 675
전구가 켜진 순간

no. 676
환한 전구

no. 677
톱날

no. 678
나사

no. 679
공구박스

no. 680
G-클램프

no. 681
모종삽

no. 682
톱

no. 683
소켓 렌치

no. 684
롤러

no. 685
멍키 렌치

no. 686
나사 드라이버

no. 687
망치

no. 688
렌치

no. 689
펜치

no. 690
모루

공구

건설 업종에 종사하고 있다면, 일과 관련된 디자인의 타투를 한두 개 새겨보는 것이 어떨까? 고객을 위해 열심히 일하고 있다는 인상을 심어줄 수 있을 것이다.

아픈 사람을 치료하고 싶은
마음을 나타내기에 좋다.

no. 691
생명

no. 692
청진기

no. 693
구급상자

no. 694
약

no. 695
병원 기호

no. 696
휠체어

no. 697
물방울

no. 698
클립보드

no. 699
주사기

no. 700
캡슐

no. 701
알약

no. 702
노란 리본

짝꿍 디자인

no. 598
심장

no. 644
덤벨

no. 579
하트 눈 해골

일기 쓰기를 좋아한다면
이 디자인이 제격이다.

no. 703
책

no. 704
일기장

no. 705
펼쳐진 책

no. 706
책과 사과

no. 707
여러 권의 책

no. 708
만년필

no. 709
볼펜

no. 710
연필

no. 711
펜촉

no. 712
편지

no. 713
러브레터

손으로 쓴 글

전문 작가나 신예
소설가라면, 또는
글쓰기를 좋아한다면
마음속 열정을
보여주기에 좋은
귀여운 디자인으로
타투를 새겨보자.

no. 714
깃털 펜

no. 715
잉크병

no. 716
깃털 펜과 잉크

no. 717
옷걸이

no. 718
재단사용 마네킹

no. 719
가위

no. 720
지퍼

no. 721
핀 쿠션

no. 722
골무

no. 723
단추

no. 724
줄자

no. 725
코바늘

no. 726
뜨개질바늘

no. 727
실타래

만들기 도구

재봉이나 뜨개질, 또는
바느질이나 코바느질을
좋아한다면, 여기 소개한
귀엽고 유쾌한 디자인으로
타투를 새겨 자신의
애호를 드러내보자.

no. 728
감은 실

no. 729
바늘과 실

no. 730
옷핀

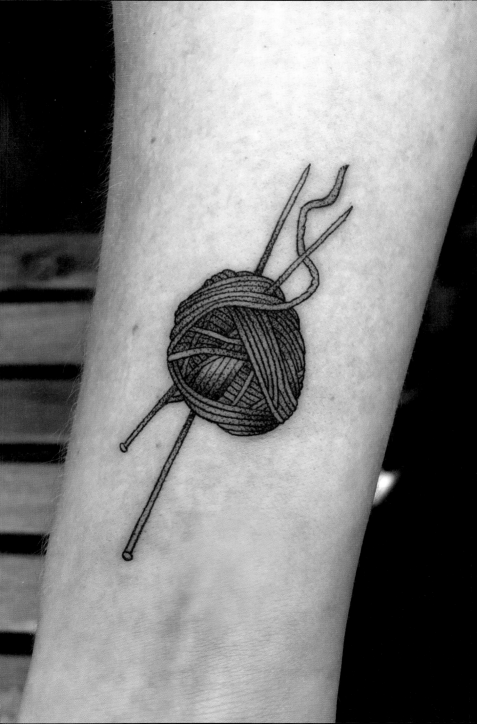

no. 731
색소폰

no. 732
마이크

no. 733
DJ

no. 734
스피커 볼륨

음악적 성과를 기리기에
적합한 디자인 중 하나다.

no. 735
LP 플레이어

no. 736
레트로 마이크

no. 737
카세트

no. 738
LP판

no. 739
일렉트릭 기타

no. 740
헤드폰

no. 741
통기타

음악적 성과

최근에 중요한 음악
시험을 통과했거나
음악가로서의 삶을
시작하지는 않았는가?
어느 쪽이든 여기에서
가장 마음에 드는
디자인을 선택해
그 성과를 기념해보는
건 어떨까?

no. 742
키보드

no. 743
메트로놈

no. 744
드럼

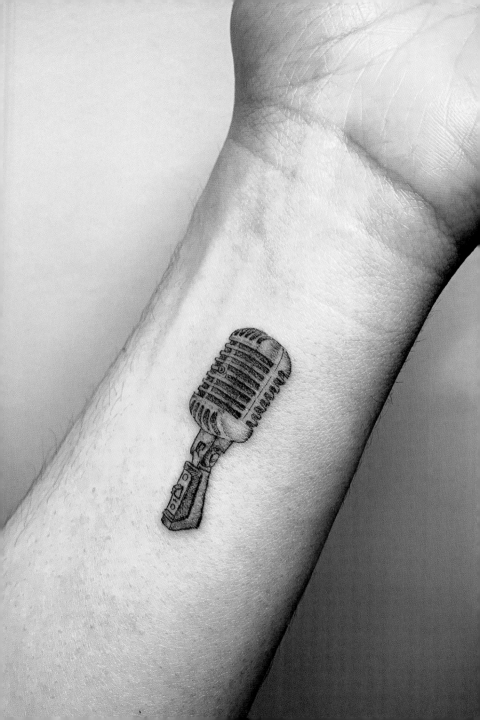

no. 745
내림음(플랫)

no. 746
4분음표

no. 747
잇단음표

no. 748
올림음(샵)

no. 749
도돌이표

no. 750
높은음자리표

no. 751
8분음표

no. 752
8분쉼표

여기 있는 음표 디자인을 활용해
좋아하는 음악 작품을 타투로 새길 수 있다.

no. 753
낮은음자리표

no. 754
온음표

no. 755
4분쉼표

no. 756
2분음표

짝꿍 디자인

no. 743
메트로놈

no. 742
키보드

no. 740
헤드폰

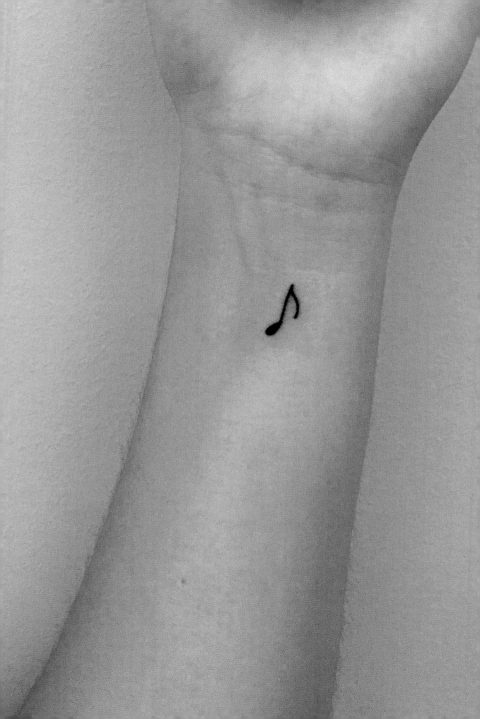

no. 757
미용가위

no. 758
그래픽 가위

no. 759
날

no. 760
전기면도기

헤어 미용 분야에서 일한다면
추천하고 싶은 디자인이다.

no. 761
거울

no. 762
바리캉

no. 763
빗

no. 764
향수

no. 765
실핀

no. 766
헤어드라이어

no. 767
면도 브러시

no. 768
머리빗 실루엣

짝꿍 디자인

no. 606
멋쟁이 콧수염

no. 703
책

no. 456
맥주

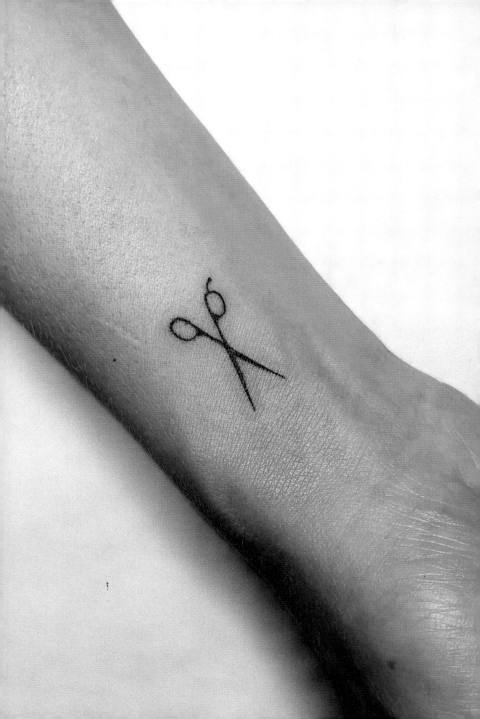

no. 769
거품기

no. 770
칼

no. 771
주방 칼

no. 772
중화요리 칼

no. 773
불

no. 774
주걱과 주방용 밀대

no. 775
전자저울

no. 776
와인오프너

no. 777
체반

no. 778
요리사 모자

no. 779
끓는 냄비

요리 도구

요리와 관련된 일을
하거나 요리하는 것을
좋아한다면 '주걱'이나
'요리사 모자'와 같은
디자인을 새겨보는 건
어떨까? 주방 도구를
여러 개 새기면
재미있는 타투가
완성된다.

no. 780
소금과 후추

no. 781
주방용 장갑

no. 782
주걱

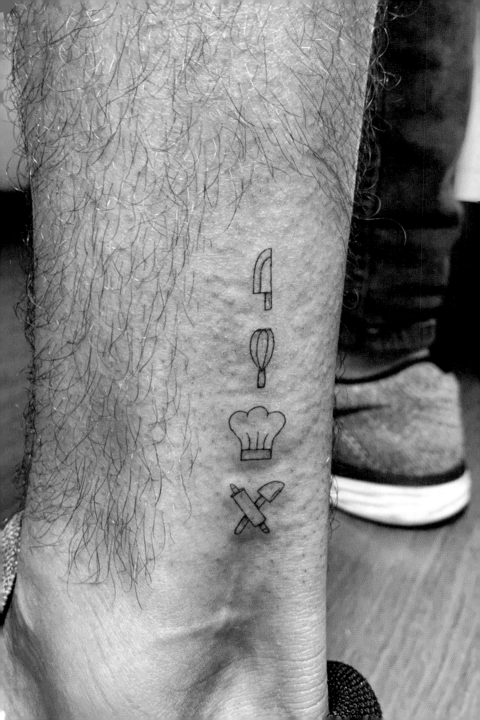

조지나 호크스 Georgina Hawkes

영국 잉글랜드 호베Hove에 위치한 스튜디오 탑보이타투Topboy Tatto 소속
인스타그램: Instagram@geehawkestattoo

조지나 호크스는 운이 좋게도 타투이스트 아버지를 두었다. 아버지가 조지나의 타투 스승이다.

"아버지에게 감사드려요. 아버지가 이 일을 가르쳐주신 덕분에 매일매일 창의력을 발휘하며 살고 있으니까요."

조지나는 자신의 일을 사랑한다. 창의적인 일이고 새로운 사람을 만날 수 있는 일이기 때문이다.

"늘 황송하죠. 저를 믿어주시는 고객들에게 정말 감사드려요."

조지나는 작업에 몰두하다 보면 마음이 편해져 타투이스트 일이 치유효과도 있다고 생각한다.

조지나가 미니 타투를 시술하기 시작한 것은 미니 타투가 더 많은 사람을, 특히 타투에 관심이 없었던 사람조차 사로잡는 매력이 있기 때문이다. 조지나는 눈에 띄지 않게 자신만의 개성을 발휘할 수 있어 사람들이 미니 타투를 좋아한다고 생각한다. 그녀를 찾아오는 고객들은 미니 타투 자리로 발목이나 손목, 늑골을 고집하는데, 조지나는 그런 분들에게 이렇게 말하고 싶다고 했다.

"아래팔 가운데에 새기면 훨씬 예뻐요. 한번 시도해보세요!"

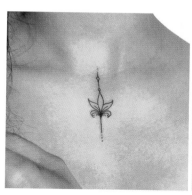

가장 좋아하는 디자인

조지나는 자연, 특히 꽃 디자인을 통해 아이디어를 얻는다. 사실 타투
디자인으로 식물도 종류를 가리지 않고 좋아한다. 조지나는 이렇게 말했다.

"저는 조그마한 꽃과 흘려 쓴 글씨를 좋아하는 편이에요. 피부에 새기고
보면 항상 우아하고 아름답거든요."

조지나는 식물 디자인이 미니 타투로 최고라고 생각한다. 필요에 따라
자세하게 그리든 단순하게 그리든 언제나 매력적이기 때문이다.
그리고 이렇게 말했다.

"저는 아르누보 양식*과 꽃과 식물을 빅토리아풍(영국 빅토리아 시대에
유행했던 스타일)으로 스케치하거나 음각한 그림을 좋아해요."

점을 찍어 만든 동그라미 안에 별과 스카이라인을 그려 넣는 풍경화도
조지나가 좋아하는 디자인이다. 조지나는 가는 선과 점을 사용하는 작업을
좋아하는데, 자신의 기술에 맞는 작업이기도 하고 고객이 좋아하기 때문이다.

"제 고객은 대부분 여성이에요. 그들은 섬세하고 우아한 디자인을
좋아하죠."

조지나에게 예술적 영향을 어디서 받는지 물어보니 이렇게 대답했다.

"활동한 시기가 달라도, 스타일이 달라도 작품에서 참된 열정이 느껴지는
아티스트에게 많은 영향을 받아요."

**❝ 타투로 인해 고객이 행복하고,
어떤 환경에서도 더욱
자신감을 가지면 좋겠어요. ❞**

---

* 1890~1910년 미국과 유럽 등 전 세계적으로 유행한 스타일로, 덩굴식물 무늬와 반복적인 꽃무늬 패턴, 구불구불
한 선으로 그린 철제 난간을 떠올릴 수 있다.

9.

SYMBOLS

기호

세미콜론은 정신적으로 위로하고
응원하는 의미를 담고 있다.

no. 783
콜론

no. 784
세미콜론

no. 785
아포스트로피

no. 786
줄임표

no. 787
에시(Esh) 기호

no. 788
별표

no. 789
대시(Dash)

no. 790
괄호

no. 791
슬래시(Slash)

no. 792
느낌표

no. 793
물음표

삶의 기호

구두점은 문장을
정리하고 그 의미를
명확히 하는 데
사용된다. 구분이나
강조, 또는 생각할
여유를 나타내는
기호 등 자신에게 맞는
것을 선택하면 된다.

no. 794
작은따옴표

no. 795
앰퍼샌드(Ampersand)

no. 796
갈매기 괄호

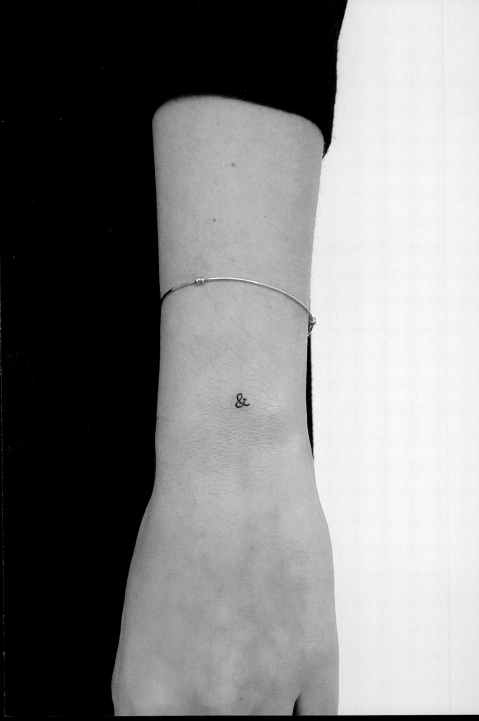

I	II	III	IV
no. 797 로마숫자 1	**no. 798** 로마숫자 2	**no. 799** 로마숫자 3	**no. 800** 로마숫자 4

V	VI	VII	VIII
no. 801 로마숫자 5	**no. 802** 로마숫자 6	**no. 803** 로마숫자 7	**no. 804** 로마숫자 8

IX	X	L
no. 805 로마숫자 9	**no. 806** 로마숫자 10	**no. 807** 로마숫자 50

로마숫자

인생에서 중요한 날이나
해를 기념하기에 좋은
타투 디자인이다.
의미를 담은 다른
디자인과 함께
연출할 수 있다.

C	D	M
no. 808 로마숫자 100	**no. 809** 로마숫자 500	**no. 810** 로마숫자 1000

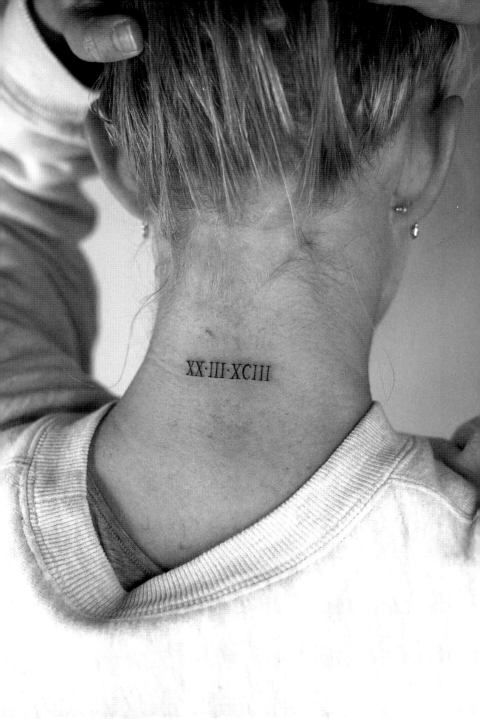

이 디자인은 우정을 나타낸다.

no. 811
방울 달린 화살대

no. 812
하트 화살 크로스

no. 813
맥박 모양 화살대

no. 814
삼각촉 화살

no. 815
깃털 깃 화살

no. 816
화살 실루엣

no. 817
흑백 화살

no. 818
점선 화살

no. 819
하트 깃 화살

no. 820
솜털 깃 화살

no. 821
말려 올라간 깃 화살

no. 822
줄무늬 화살촉 화살

방향 표시

화살은 방향을 나타내며 어떤 스타일로 새기든 매력적이다.
화살이 날아가는 방향은 정교한 작업이 필요하므로 조금 크게 그려야
쉽게 흐릿해지지 않는다.

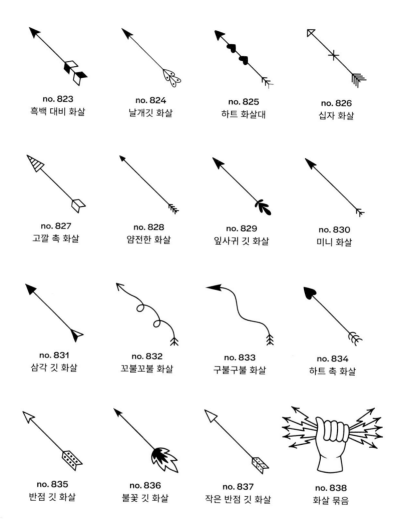

no. 823
흑백 대비 화살

no. 824
날개깃 화살

no. 825
하트 화살대

no. 826
십자 화살

no. 827
고깔 촉 화살

no. 828
얌전한 화살

no. 829
잎사귀 깃 화살

no. 830
미니 화살

no. 831
삼각 깃 화살

no. 832
꼬불꼬불 화살

no. 833
구불구불 화살

no. 834
하트 촉 화살

no. 835
반점 깃 화살

no. 836
불꽃 깃 화살

no. 837
작은 반점 깃 화살

no. 838
화살 묶음

no. 839
여자

no. 840
남자

no. 841
바이젠더
(남성성과 여성성을
개별로 지님)

no. 842
안드로진
(남성성과 여성성을
동시에 지님)

no. 843
트랜스젠더

no. 844
뉴트로이스
(남성도 여성도 아닌
제3의 성)

no. 845
에이젠더
(성 정체성 없음)

no. 846
폴리젠더
(두 가지 이상의 성 정체성)

no. 847
젠더퀴어
(이분법적 성별 구분에서
벗어나 다양하게
성 정체성을 규정)

no. 848
엘리어젠더
(구분이 불가한,
실존하지 않는 성 정체성)

no. 849
젠더플루이드
(성별이 유동적으로 변함)

no. 850
에피센(중성)

짝꿍 디자인

no. 969
하트

no. 784
세미콜론

no. 812
하트 화살 크로스

no. 851
함사

no. 852
옴

no. 853
생명의 나무

no. 854
고리형 만다라

no. 855
기도하는 연꽃

no. 856
연꽃 자세

no. 857
평안

no. 858
차크라

no. 859
플라워 만다라

no. 860
무늬가 있는 만다라

no. 861
눈물방울 만다라

no. 862
그래픽 연꽃

정신 수양

생활 속에서 꾸준히 요가를 실천하는 사람에게 특별한 타투가 될 것이다.
요가를 나타내는 기호는 용기(함사)와 순수(연꽃), 조화로움(만다라),
정신적 깨달음(옴)을 뜻한다.

만다라는 명상을 위한
보조 도구로 사용된다.

no. 863
연꽃 꽃잎

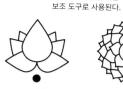

no. 864
조화로운 연꽃

no. 865
달리아 만다라

no. 866
그래픽 옴

no. 867
해바라기 만다라

no. 868
별 모양 만다라

no. 869
삼각형 만다라

no. 870
달님 만다라

no. 871
가네샤
(인도의 지혜와 행운의 신)

no. 872
연꽃 실루엣

no. 873
촛불과 연꽃

no. 874
반점무늬 연꽃

no. 875
연꽃

no. 876
요가에서의 깨달음

no. 877
명상

no. 878
나마스테

1/2

no. 879
분수

—

no. 880
뺄셈

+

no. 881
덧셈

×

no. 882
곱셈

÷

no. 883
나눗셈

=

no. 884
등호

≠

no. 885
부등호

≈

no. 886
대략 같음(닮음)

±

no. 887
더하기, 또는 빼기

<

no. 888
보다 작음

≤

no. 889
작거나 같음

>

no. 890
보다 큼

수학 기호

수학 기호 없이는 계산이 불가능하다. 수학 기호를 통해 여러 방법으로
숫자를 연결할 수 있고, 세상을 이해할 수 있다.

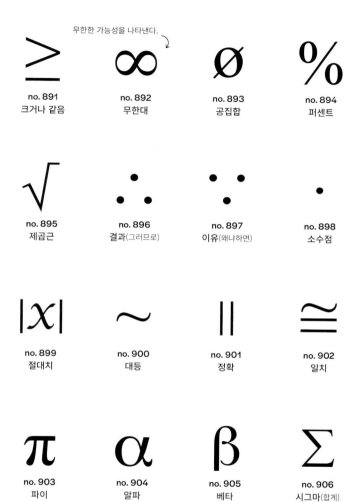

무한한 가능성을 나타낸다.

no. 891
크거나 같음

no. 892
무한대

no. 893
공집합

no. 894
퍼센트

no. 895
제곱근

no. 896
결과(그러므로)

no. 897
이유(왜냐하면)

no. 898
소수점

no. 899
절대치

no. 900
대등

no. 901
정확

no. 902
일치

no. 903
파이

no. 904
알파

no. 905
베타

no. 906
시그마(합계)

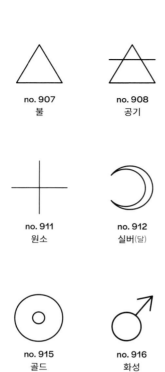

no. 907
불

no. 908
공기

no. 909
물

no. 910
흙

no. 911
원소

no. 912
실버(달)

no. 913
수성

no. 914
구리(비너스)

no. 915
골드

no. 916
화성

no. 917
주석(주피터)

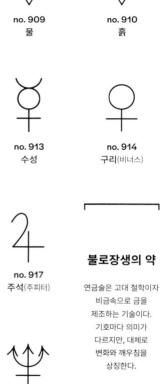

불로장생의 약

연금술은 고대 철학이자
비금속으로 금을
제조하는 기술이다.
기호마다 의미가
다르지만, 대체로
변화와 깨우침을
상징한다.

no. 918
납(토성)

no. 919
천왕성

no. 920
해왕성

no. 921
지구

no. 922
명왕성

no. 923
유황

no. 924
철학자의 돌

no. 925
마그네슘

no. 926
아연

no. 927
포타슘

no. 928
비스무트

no. 929
리튬

no. 930
소금

no. 931
철

no. 932
비소

no. 933
백금(플라티늄)

no. 934
인

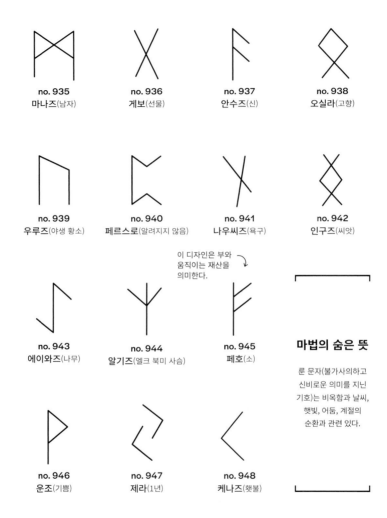

no. 935
마나즈(남자)

no. 936
게보(선물)

no. 937
안수즈(신)

no. 938
오실라(고향)

no. 939
우루즈(야생 황소)

no. 940
페르스로(알려지지 않음)

no. 941
나우씨즈(욕구)

no. 942
인구즈(씨앗)

이 디자인은 부와
움직이는 재산을
의미한다.

no. 943
에이와즈(나무)

no. 944
알기즈(엘크 북미 사슴)

no. 945
페호(소)

마법의 숨은 뜻

룬 문자(불가사의하고
신비로운 의미를 지닌
기호)는 비옥함과 날씨,
햇빛, 어둠, 계절의
순환과 관련 있다.

no. 946
운조(기쁨)

no. 947
제라(1년)

no. 948
케나즈(횃불)

룬 문자 읽기

룬 문자는 인기가 많다.
몸에 새기기 전에
반드시 뜻을 확인할
필요가 있다.

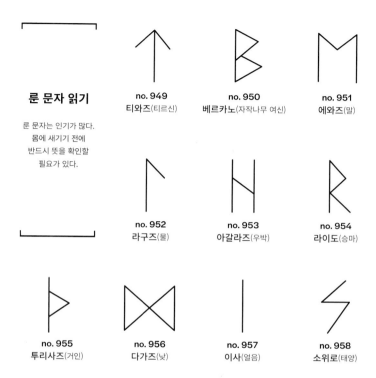

no. 949
티와즈(티르신)

no. 950
베르카노(자작나무 여신)

no. 951
에와즈(말)

no. 952
라구즈(물)

no. 953
아갈라즈(우박)

no. 954
라이도(승마)

no. 955
투리사즈(거인)

no. 956
다가즈(낮)

no. 957
이사(얼음)

no. 958
소위로(태양)

에스텔 데이비드 Eszter David

영국 런던에 위치한 스튜디오 팔러먼트 타투 소속
인스타그램: Instagram@eszterdavidtattoo

에스텔 데이비드는 런던에 위치한 타투 스튜디오 '팔러먼트 타투'에서 일하고 있다. 에스텔이 14세 때 엄마가 커다란 타투를 새겼는데, 그 모습을 보고 타투와 사랑에 빠졌다고 한다. 그의 첫 타투 시술 대상은 친구였다. 친구가 오래전에 몸에 낙서를 하나 했는데, 그걸 가리기 위해 바로 위에 손으로 직접 부족 문양의 타투를 새겼다.

"그 친구와 지금도 친해요! 처음 타투를 하면 며칠 동안 얼마나 행복한지 몰라요. 지금은 친구 몸에 작은 타투가 여러 개 더 있어요. 삼각형, 점, 글자, 하트 등이 예쁘게 새겨 있죠."

에스텔은 타투를 바라보는 시선이 예전보다는 조금 좋아졌다고 말했다. 여전히 얼굴이나 손에 한 타투는 문제가 되기도 하지만. 그래서 에스텔은 팔, 다리, 허리, 또는 괜찮다면 귀 뒤가 미니 타투를 새기기에 좋은 부위라고 생각한다. 그리고 에스텔은 반드시 검색을 통해 자신이 좋아하는 스타일의 타투이스트를 찾아야 한다며 타투이스트와 고객 간 신뢰를 강조했다.

예술적 영향, 디자인 그리고 기법

에스텔은 거의 모든 것에서 예술적 영감을 얻는다. 아이디어가 막힐 때 보는 책이 집에 한가득이다. 동료 아티스트의 작품을 보면서도 많은 영향을 받는다.

에스텔은 꽃을 비롯해 기하학적인 형태, 장식 문양, 조각상, 그리고 선을 가늘게 그리는 디자인을 특히 좋아한다. 장식 문양의 경우 그리기 전에 어느 부위에 새기고 싶은지만 알려주면 되는데, 그래야 그 부위와 어울리는 디자인을 할 수 있기 때문이다.

"머리에 떠오르는 대로 그려요. 장식 문양은 몇 년이나 그렸는걸요."

대개 스케치하는 데는 몇 분 걸리지 않지만 디자인이 완성되기까지는 하루나 일주일이 걸린다.

에스텔은 타투에 관해서라면 뭐든 좋다고 했다. 드로잉, 기계 소리, 소독약 냄새까지 전부 다.

"탈각이 끝난 타투를 보고 만족해하는 고객을 보면 저도 행복해요."

66 미니 타투는 단순하게 그리는 게 최고예요.
저는 기하학적 무늬와 기호 디자인을 좋아해요.
미니 장식품 같아요. **99**

10.

PATTERNS AND SHAPES

모양과
무늬

no. 959
원형

no. 960
삼각형

no. 961
직사각형

no. 962
오각형

no. 963
육각형

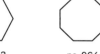
no. 964
팔각형

no. 965
마름모

no. 966
십자가

no. 967
화살표

no. 968
구름

no. 969
하트

인기 많은
디자인 중 하나다.

no. 970
별 모양

짝꿍 디자인

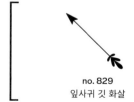
no. 829
잎사귀 깃 화살

no. 14
솔잎 모양 깃털

no. 500
종이비행기

no. 971
중첩 삼각형

no. 972
중첩 사각형

no. 973
줄무늬 원

no. 974
반점 삼각형

no. 975
사각 꽃

no. 976
원과 반원

no. 977
마름모 3개

no. 978
물방울 플라워

no. 979
무늬가 있는 직사각형

no. 980
고리 모양 선

no. 981
물방울과 사각형

no. 982
선이 교차하는 직사각형

기하학적 모양

단순한 기하학적 모양으로 미니 타투를 새기면 상당히 멋있다.
여기 소개한 디자인을 조화롭게 배치해 멋진 타투를 연출해봐도 좋다.

190

no. 983
서로 연결된 직사각형

no. 984
기하학 모양

no. 985
줄무늬 보석

no. 986
기울어진 기하학 모양

no. 987
줄무늬 육각형

no. 988
줄무늬 사각형

no. 989
바람개비

no. 990
곡선으로 꾸민 사각형

no. 991
꽃을 품은 사각형

no. 992
삼각형과 육각형으로
그린 꽃

no. 993
중첩 무한대

no. 994
동그라미와 세모

no. 995
곡선과 동그라미

no. 996
3D 육각형

no. 997
보석

no. 998
서로 교차하는 삼각형

11.

정신세계

SPIRIT
WORLD

no. 999
할로윈 호박

no. 1000
할로윈 호박 실루엣

no. 1001
휴식 중인 박쥐

no. 1002
거꾸로 박쥐

no. 1003
할로윈 귀신

no. 1004
사탕

no. 1005
광대

no. 1006
마녀의 부츠

no. 1007
다 볼 수 있는 눈

no. 1008
검은 고양이

no. 1009
무덤

no. 1010
저주인형

으스스한 디자인

할로윈을 즐기는 사람들이 좋아할 만한 디자인들이다.
이 중 할로윈 호박이 가장 인기가 많다. 개성 있는 연출을 원한다면
나만의 할로윈 분장을 새기는 것도 좋은 방법이다.

no. 1011
개구리

no. 1012
우로보로스

no. 1013
할로윈 귀신 실루엣

no. 1014
할로윈 날짜

no. 1015
왕관

no. 1016
유령

no. 1017
귀여운 유령

no. 1018
무서워서 기절

no. 1019
번개

no. 1020
번개 실루엣

no. 1021
거미

no. 1022
들쥐 실루엣

no. 1023
드라큘라 송곳니

no. 1024
드라큘라

no. 1025
프랑켄슈타인

no. 1026
모래시계

no. 1027
거미줄

no. 1028
촛불과 해골

no. 1029
마법지팡이

no. 1030
악마의 뿔

no. 1031
천사의 날개

no. 1032
날개 달린 하트

no. 1033
수정구슬

no. 1034
피 묻은 칼

no. 1035
성 실루엣

no. 1036
지렁이

no. 1037
할로윈 귀신의 낫

no. 1038
촛불

엽기적인 디자인

초자연적인 힘과 마법을 주제로 한 디자인도 많다. 엽기적인 디자인과
나만의 스타일을 섞어 콜라주 디자인으로 연출해도 좋다.

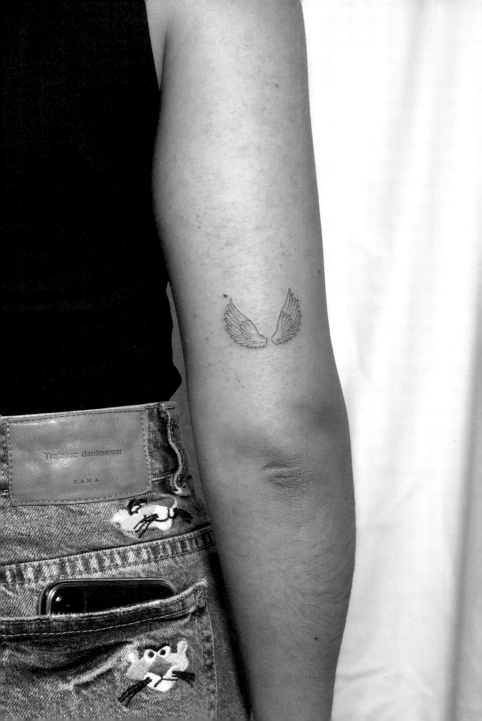

no. 1039
드라큘라의 십자가

no. 1040
잘린 손가락

no. 1041
마녀의 모자

no. 1042
마법의 주문 책

no. 1043
마녀의 가마솥

no. 1044
마법의 묘약

no. 1045
털 달린 눈알

no. 1046
눈

전 세계 할로윈 축제
어디서든 뽐낼 수 있다.

no. 1047
끈적거리는 눈알

no. 1048
피눈물

no. 1049
번개 맞은 나무

no. 1050
드라큘라 관

no. 1051
피 묻은 단검

no. 1052
불길을 내뿜는 해골

no. 1053
절단된 손목

no. 1054
아직 살아 있음

풍뎅이는 고대이집트에서 행운의 부적으로 인기가 많은 디자인이었다.

no. 1055
마네키네코
(행운을 부르는 고양이)

no. 1056
코르누코피아
(풍요의 뿔)

no. 1057
금 잔뜩 항아리

no. 1058
풍뎅이

no. 1059
지니의 요술램프

no. 1060
주사위

no. 1061
말편자

no. 1062
행운의 7

no. 1063
위시본(조류의 'V'자형 가슴뼈.
두 사람이 양 끝을 잡아당겼을 때
긴 쪽을 갖는 사람이 소원을
빌면 그 소원이 이루어진다고 함)

no. 1064
호루스의 눈
(호루스는 이집트의
태양신)

no. 1065
돈주머니

no. 1066
행운을 비는 크로스핑거

짝꿍 디자인

no. 36
독버섯

no. 337
지니

no. 1007
다 볼 수 있는 눈

no. 1067
기하학 모양의 크리스털

no. 1068
크리스털 막대

no. 1069
육각기둥 크리스털

no. 1070
천연 크리스털

no. 1071
3중 크리스털

no. 1072
깎은 면 크리스털

no. 1073
여러 개의 크리스털

no. 1074
천연 자수정

no. 1075
다이아몬드

no. 1076
다이아몬드 정면

no. 1077
다이아몬드 실루엣

no. 1078
물방울 다이아몬드

크리스털과 원석

크리스털 테라피를 실천하는 사람이든, 원석을 좋아하는 사람이든
모두 마음에 들어 할 만한 디자인들이다.

no. 1079
하트 모양 보석

no. 1080
동그란 보석

no. 1081
다양한 모양의 크리스털

no. 1082
다이아몬드 반지
실루엣

크리스털 테라피에 대한 애정을
드러내기에 좋은 디자인이다.

no. 1083
크리스털 테라피

no. 1084
랜덤 크리스털

no. 1085
자연의 에너지 크리스털

no. 1086
달의 에너지 크리스털

no. 1087
프리즘 크리스털

no. 1088
뾰족한 끝의 크리스털

no. 1089
전형적인 크리스털

no. 1090
공중에 뜬 크리스털

no. 1091
보석과 왕관

no. 1092
천사의 날개와 보석

no. 1093
크리스털 목걸이

no. 1094
보석 실루엣

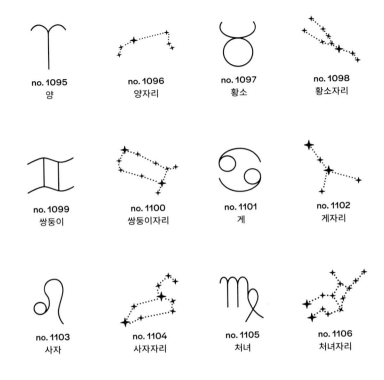

no. 1095
양

no. 1096
양자리

no. 1097
황소

no. 1098
황소자리

no. 1099
쌍둥이

no. 1100
쌍둥이자리

no. 1101
게

no. 1102
게자리

no. 1103
사자

no. 1104
사자자리

no. 1105
처녀

no. 1106
처녀자리

12개의 별자리

오래전부터 우리는 늘 별에 마음을 빼앗겼다.
별자리 타투가 계속해서 인기가 많은 이유다.

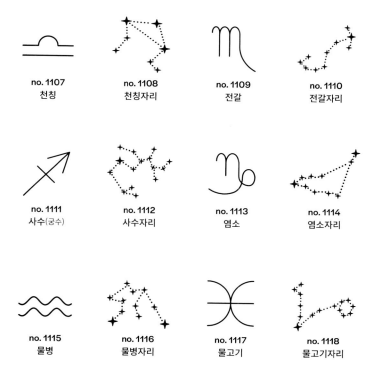

no. 1107
천칭

no. 1108
천칭자리

no. 1109
전갈

no. 1110
전갈자리

no. 1111
사수(궁수)

no. 1112
사수자리

no. 1113
염소

no. 1114
염소자리

no. 1115
물병

no. 1116
물병자리

no. 1117
물고기

no. 1118
물고기자리

미니 타투 도감
타투이스트와 타투 러버의 디자인 가이드

초판 발행 2022년 7월 29일
펴낸곳 유엑스리뷰
발행인 현호영
지은이 레베카 빈센트
옮긴이 전혜란
편　집 김동화
디자인 임림
주　소 서울시 마포구 월드컵로 1길 14, 딜라이트스퀘어 114호
팩　스 070.8224.4322
이메일 uxreviewkorea@gmail.com

ISBN 979-11-92143-34-7